Utilize este código QR para se cadastrar de forma mais rápida:

Ou, se preferir, entre em:
www.santillanaespanol.com.br/ac/livroportal
e siga as instruções para ter acesso aos conteúdos exclusivos do
Portal e Livro Digital

CÓDIGO DE ACESSO:
A 00113 VENTESP3E 4 45153

Faça apenas um cadastro. Ele será válido para:

De los árboles a los libros, sostenibilidad en todo el camino

Da semente ao livro, sustentabilidade por todo o caminho

Plantar bosques
La madera usada como materia prima para nuestro papel viene de plantaciones renovables, o sea, no es fruto de deforestación. Este tipo de plantación genera millares de empleos para los agricultores y ayuda a recuperar las áreas ambientales degradadas.

Plantar florestas
A madeira que serve de matéria-prima para nosso papel vem de plantio renovável, ou seja, não é fruto de desmatamento. Essa prática gera milhares de empregos para agricultores e ajuda a recuperar áreas ambientais degradadas.

Fabricar papel e imprimir libros
Toda la cadena de producción de papel, desde la fabricación de la celulosa hasta la encuadernación del libro, tiene los correspondientes certificados y cumple los patrones internacionales de procesamiento sostenible y las buenas prácticas ambientales.

Fabricar papel e imprimir livros
Toda a cadeia produtiva do papel, desde a produção de celulose até a encadernação do livro, é certificada, cumprindo padrões internacionais de processamento sustentável e boas práticas ambientais.

Crear contenido
Los profesionales involucrados en la elaboración de nuestras soluciones educativas tienen como objetivo una educación para la vida basada en la curaduría editorial, la diversidad de visiones y la responsabilidad socioambiental.

Criar conteúdo
Os profissionais envolvidos na elaboração de nossas soluções educacionais buscam uma educação para a vida pautada por curadoria editorial, diversidade de olhares e responsabilidade socioambiental.

Construir proyectos de vida
Ofrecer una solución educativa Santillana Español es un acto de compromiso con el futuro de las nuevas generaciones y posibilita una alianza entre las escuelas y las familias en la misión de educar.

Construir projetos de vida
Oferecer uma solução educacional Santillana Español é um ato de comprometimento com o futuro das novas gerações, possibilitando uma relação de parceria entre escolas e famílias na missão de educar.

Para saber más, escanea el código QR.
Accede a *http://mod.lk/sostenab*

Fotografe o código QR e conheça melhor esse caminho.
Saiba mais em *http://mod.lk/sostenab*

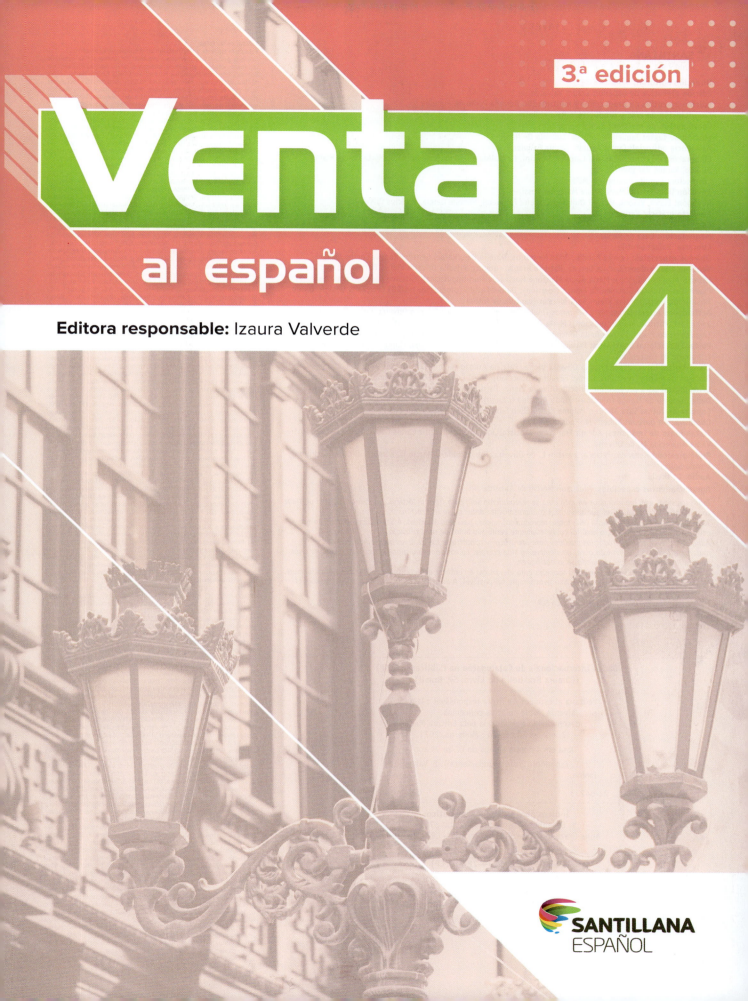

SANTILLANA ESPAÑOL

Dirección editorial: Sandra Possas
Edición ejecutiva de español: Izaura Valverde
Edición ejecutiva de producción y multimedia: Adriana Pedro de Almeida
Coordinación de arte y producción: Raquel Buim
Coordinación de revisión: Rafael Spigel
Edición de texto: Jaqueline Spinelli, Ludmila De Nardi
Asistencia editorial: Cíntia Afarelli, Sheila Folgueral
Elaboración de contenido: Ana Carolina Salatini, Cíntia Afarelli, Jaqueline Spinelli, Myrta Garcia Pradel Biondo, Raquel Barrios
Corrección: Camilla Bazzoni de Medeiros
Revisión lingüística: María Alicia Manzone Rossi
Revisión: Elaine Viacek, Manuel Quilarque, Sheila Folgueral, Simone Garcia, Vinicius Oliveira
Proyecto gráfico: Karina de Sá
Edición de arte: Karina de Sá, Rafael Gentile, Raquel Coelho
Maquetación: Casa de ideias
Cubierta: Rafael Gentile
Diseños especiales: Camila Ranelli, João Negreiros, Natalia Bae, Rafael Gentile, Raquel Coelho, Selavi
Ventana a los videos: Camila Gervaz, Patrícia Aragão (guion); Priscila Oliveira Vieira, Barbara Jarandilla, Patrícia Aragão (edición); María Alicia Manzone Rossi (revisión lingüística); Gislaine Caprioli, Emarize H. do Prado, Letícia Della Giacoma de França (revisión); Daniel Favalli (producción); URBI Criação & Design, Bruno Tersario (*design*); Paloma Klein, Sara Alencar (captura de fotos)
Actividades interactivas: Mary Negreiros (elaboración de contenido); Priscila Oliveira Vieira, Barbara Jarandilla, Patrícia Aragão (edición); María Alicia Manzone Rossi (revisión lingüística); Gislaine Caprioli, Emarize H. do Prado, Letícia Della Giacoma de França (revisión); Daniel Favalli (*design*)
Portal Educacional Santillana: Priscila Oliveira Vieira (edición de contenido); Maria Eduarda Pereira Scetta (curaduría de contenido)
Livro digital interactivo: Priscila Oliveira Vieira, Patrícia Aragão (edición); Gislaine Caprioli, Letícia Della Giacoma de França (revisión); Daniel Favalli (producción); URBI Criação & Design, Bruno Tersario (*design*)
Livro digital para proyección: Priscila Oliveira Vieira, Patrícia Aragão (edición); Gislaine Caprioli, Letícia Della Giacoma de França (revisión); Frodo Almeida (*design*); Eloah Cristina (programación)
Captura de fotos: Sara Alencar, Paloma Klein, Ellen Silvestre, Danielle de Alcântara
Coordinación *bureau*: Rubens M. Rodrigues
Tratamiento de imágenes: Ademir Francisco Baptista, Joel Aparecido, Luiz Carlos Costa, Marina M. Buzzinaro, Vânia Aparecida M. de Oliveira
Preimpresión: Alexandre Petreca, Everton L. de Oliveira, Fabio Roldan, Marcio H. Kamoto, Ricardo Rodrigues, Vitória Sousa
Audio: La Urella

Agradecimientos especiales: Anderson Márcio de Almeida

Todos los sitios web mencionados en esta obra se reprodujeron solo para fines didácticos. Santillana Español no tiene control sobre su contenido, el que se verificó cuidadosamente antes de su utilización.
Todos os *sites* mencionados nesta obra foram reproduzidos apenas para fins didáticos. A Santillana Español não tem controle sobre seu conteúdo, o qual foi cuidadosamente verificado antes de sua utilização.
Aunque se hayan tomado todas las medidas para identificar y contactar a los titulares de los derechos de los materiales reproducidos en esta obra, no siempre ha sido posible. La editorial se dispone a rectificar cualquier error de esta naturaleza siempre y cuando se lo notifiquen.
Embora todas as medidas tenham sido tomadas para identificar e contatar os detentores de direitos autorais sobre os materiais reproduzidos nesta obra, isso nem sempre foi possível. A editora estará pronta a retificar quaisquer erros dessa natureza assim que notificada.

Impresión: Log&Print Gráfica e Logística S.A.
Lote: 768439
Código: 120002119

Dados Internacionais de Catalogação na Publicação (CIP)
(Câmara Brasileira do Livro, SP, Brasil)

Ventana al español / editora responsável : Izaura Valverde ; obra coletiva concebida, desenvolvida e produzida pela Editora Moderna. – 3. ed. – São Paulo : Moderna, 2021.

"Obra em 4v. para alunos do 6º ao 9º ano".

1. Espanhol (Ensino fundamental). I. Valverde, Izaura.

21-64233 CDD-372.6

Índices para catálogo sistemático:
1. Espanhol : Ensino fundamental 372.6
Aline Graziele Benitez – Bibliotecária – CRB-1/3129

ISBN 978-65-5779-785-3 (LA)
ISBN 978-65-5779-786-0 (LP)

Reprodução proibida. Art. 184 do Código Penal e Lei 9.610 de 19 de fevereiro de 1998.
Todos os direitos reservados.

SANTILLANA ESPAÑOL
EDITORA MODERNA LTDA.
Rua Padre Adelino, 758 — Belenzinho
São Paulo — SP — Brasil — CEP 03303-904
www.santillanaespanol.com.br
2023
Impresso no Brasil

CÓPIA NÃO AUTORIZADA É CRIME
ABDR
ASSOCIAÇÃO BRASILEIRA DE DIREITOS REPROGRÁFICOS
RESPEITE O DIREITO AUTORAL

Crédito de las fotos
Foto de la cubierta y del frontispicio: simonmayer/Istockphoto.
Segunda portada: *La asombrosa excursión de Zamba* por la Geografía latinoamericana. *Las asombrosas excursiones de Zamba*. [Serie]. Dirección General: Sebastián Mignogna. Producción: Camila Fanego Harte, Cecilia di Tirro. Argentina: El perro en la luna, 2015; p. 5: daboost/Istockphoto; p. 8 y 9: xavierarnau/Getty Images; Marina Lohrbach/Getty Images; MireXa/Getty Images; TanyaJoy/Getty Images; wsfurlan/Getty Images; belander/Istockphoto; p. 10: pixdeluxe/Getty Images; Varijanta/Istockphoto; p. 11: Mari_C/Istockphoto; p. 13: Steve Debenport/Getty Images; p. 14: (a) Csondy/Getty Images; (b) nito100/Getty Images; (c) PIKSEL/Getty Images; (d) Stephanie Howard/Getty Images; p. 16: Zinkevych/Getty Images; p. 17 (a) inakiantonana/Getty Images; (b) Fevziie/Shutterstock; p. 18: CalypsoArt/Shutterstock; p. 20 y 21: (a) insta_photos/Istockphoto; (b) Alex Ruhl/Shutterstock; (c) shapecharge/Istockphoto; (d) Urupong/Istockphoto; (e) Doucefleur/Istockphoto; (f) grinvalds/Istockphoto; p. 22: Andrey_Popov/Shutterstock; p. 23 (a) Szepy/Istockphoto; (b) Prykhodov/Istockphoto; (c) alexsl/Istockphoto; p. 24: alexsl/Istockphoto; MaxBukovski/Istockphoto; monkeybusinessimages/Istockphoto; p. 25: Photodjo/Istockphoto; p. 27: metamorworks/Istockphoto; p. 28: Dmitry Belyaev/Istockphoto; p. 29: Krakenimages.com/Shutterstock; Krakenimages.com/Shutterstock; (a) oatawa/Istockphoto; (b) damircudic/Istockphoto; (c) ake1150sb/Istockphoto; (d) SDI Productions/Istockphoto; p. 30: bulentgultek/Istockphoto; Sentavio/Shutterstock; ISOVECTOR/Shutterstock; K3Star/Shutterstock; Macrovector/Shutterstock; p. 32: (a) Nuthawut Somsuk/Istockphoto; (b) GeorgeRudy/Istockphoto; (c) MilanMarkovic78/Shutterstock; (d) vchal/Istockphoto; (e) johan10/Istockphoto; (f) katleho Seisa/Istockphoto; p. 34: monkeybusinessimages/Istockphoto; p. 36: Sasha_Suzi/Istockphoto; p. 37: Imgorthand/Istockphoto; p. 38: supersizer/Istockphoto; smirart/Istockphoto; mediaphotos/Istockphoto; RobertoDavid/Istockphoto; p. 39: Razvan/Istockphoto; p. 40: andresr/Istockphoto; p. 42: monkeybusinessimages/Shutterstock; p. 43: y.s.graphicart/Shutterstock; p. 44: (a) chokkicx/Istockphoto; (b) invincible_bulldog/Istockphoto; (c) PCH-Vector/Istockphoto; p. 45: Golden Sikorka/Shutterstock; Sentavio/Shutterstock; Sentavio/Shutterstock; SusanneB/Getty Images; aklionka/Shutterstock; p. 46: (a) grinvalds/Getty Images; (b) nazar_ab/Getty Images; (c) valentinrussanov/Getty Images; (d) juststock/Getty Images; p. 47: ChrisGorgio/Istockphoto; MaryValery/Istockphoto; Vitya_M/Shutterstock; snegok13/Istockphoto; p. 48: (a) BrianAJackson/Getty Images; (b) igorirge/Getty Images; (c) CaptureLight/Getty Images; p. 50: Alfribeiro/Istockphoto; nastenkapeka/Istockphoto; Daisy-Daisy/Istockphoto; andresr/Istockphoto; p. 52 y 53: (a) DieterMeyrl/Istockphoto; (b) SDI Productions/Istockphoto; (c) PeopleImages/Istockphoto; (d) SvetaOrlova/Istockphoto; (e) fotografixx/Istockphoto; (f) skynesher/Istockphoto; p. 54: Yaraslau Saulevich/Istockphoto; p. 55: Olga Strelnikova/Istockphoto; p. 56: BRO Vector/Istockphoto; p. 57: fizkes/Istockphoto; p. 59: (a) fstop123/Istockphoto; (b) princigalli/Istockphoto; (c) mediaphotos/Istockphoto; (d) AntonioGuillem/Istockphoto; p. 60: SolStock/Istockphoto; p. 62: Julss/Shutterstock; RoseStudio/Shutterstock; p. 64 y 65: (a) monkeybusinessimages/Istockphoto; (b) Halfpoint/Istockphoto; (c) mikimad/Istockphoto; (d) prmustafa/Istockphoto; (e) RafaPress/Istockphoto; (f) BlackSalmon/Istockphoto; p. 66: wildpixel/Istockphoto; p. 69: gerenme/Istockphoto; mr_bigote/Shutterstock; p. 70: NEGOVURA/Shutterstock; p. 71: Deepak Sethi/Istockphoto; p. 72: mentalmind/Shutterstock; p. 74: Mashot/Istockphoto; p. 76 y 77: (a) Rawpixel/Istockphoto; (b) KoliadzynskaIryna/Istockphoto; (c) RomoloTavani/Istockphoto; (d) kuarmungadd/Istockphoto; (e) mixetto/Istockphoto; (f) hocus-focus/Istockphoto; p. 78: angelacolac/Istockphoto; p. 79: (a) SolStock/Istockphoto; (b) rbv/Istockphoto; (c) Wavebreakmedia/Istockphoto; p. 80: ASIFE/Istockphoto; SDI Productions/Istockphoto; PeopleImages/Istockphoto; PhotoInc/Istockphoto; SDI Productions/Istockphoto; p. 81: kali9/Istockphoto; p. 82: Khosrork/Istockphoto; Bohdana Tkachuk/Istockphoto; p. 83: (a) Ridofranz/Istockphoto; (b) AntonioGuillem/Istockphoto; (c) PeopleImages/Istockphoto; (d) dragana991/Istockphoto; p. 84: damircudic/Istockphoto; p. 85: Geber86/Istockphoto; p. 86: (a) vitapix/Istockphoto; (b) Katarina Radonic/Istockphoto; (c) FiN85/Istockphoto; p. 88: (a) Hakase_/Istockphoto; (b) Victoria Kovelina/Shutterstock; (c) marcelinopozo/Istockphoto; (d) Stewart Watson/Istockphoto; (e) Capuski/Istockphoto; p. 89: Katakari/Shutterstock; p. 90: KatePilko/Shutterstock; p. 91: (a) Wallace Teixeira/Shutterstock; (b) solidcolours/Istockphoto; (c) Mindful Media/Istockphoto; (d) Janossy Gergely/Shutterstock; (e) cirano83/Istockphoto; p. 92: exxorian/Istockphoto; p. 93: Dooder/Shutterstock; p. 94: eclipse_images/Istockphoto; p. 95: MachineHeadz/Istockphoto; SDI Productions/Istockphoto; fizkes/Istockphoto; p. 106: Irina_Strelnikova/Istockphoto; p. 107: blamb/Istockphoto; juliawhite/Istockphoto; Paul Biris/Getty Images; Fritz Fischer/picture-alliance/dpa/AGB Photo Library; Jan-Schneckenhaus/Istockphoto; Peter Horree/Alamy/Fotoarena; MARKA/Alamy/Fotoarena; shaunl/Istockphoto; mikkelwilliam/Istockphoto; metamorworks/Istockphoto; Molnia/Istockphoto; KarenMower/Istockphoto; p. 108: (a) Alen-D/Istockphoto; (b) stockarm/Istockphoto; (c) Kzenon/Shutterstock; (d) fizkes/Istockphoto; p. 109: serts/Istockphoto; cnythzl/Istockphoto; p. 111: Maljuk/Istockphoto; Yuliya Baranych/Istockphoto; GoodStudio/Shutterstock; p. 113: Khomich/Istockphoto; Khomich/Istockphoto; Khomich/Istockphoto; Khomich/Istockphoto; p. 117: panom73/Istockphoto; Designer/Istockphoto; p. 118 (a) sunlow/Getty Images; (b) mspoli/Getty Images; (c) MIKHAIL OLYKAYNEN/Getty Images; (d) Rafa Irusta/Getty Images; p. 119: Patryk Kosmider/Getty Images; irakite/Getty Images; USO/Getty Images; STILLFX/Getty Images; richcarey/Getty Images; p. 120: (a) skipro101/Getty Images; (b) sushi7688/Getty Images; (c) cribea/Getty Images; (d) Rich Carey/Shutterstock; p. 121: (a) Miodrag Gajic/Getty Images; (b) Aldo Murillo/Getty Images; (c) AzmanJaka/Getty Images; (d) Antonio Diaz/Getty Images; vector_IT/Shutterstock; Viktoria Kurpas/Shutterstock; p. 123: Antonio_Diaz/Istockphoto; p. 124: (a) PKpix/Istockphoto; (b) LeoPatrizi/Istockphoto; (c) oatawa/Istockphoto; (d) fizkes/Istockphoto; SDI Productions/Istockphoto; cosmaa/Shutterstock; Irina_Strelnikova/Istockphoto; p. 125: nensuria/Istockphoto; p. 127: Eva Blanco/Istockphoto; Lab 38/Shutterstock; Africa Studio/Shutterstock; Tero Vesalainen/Istockphoto; Olesya Kuznetsova/Shutterstock; martin-dm/Istockphoto; Emilija Randjelovic/Istockphoto; p. 129: Oleksandra Troian/Istockphoto; Colorlife/Shutterstock; p. 130: (a) dean bertoncelj/Shutterstock; (b) BrunoWeltmann/Shutterstock; (c) CatLane/Istockphoto; p. 131: YinYang/Istockphoto; p. 132: Tiyas/Istockphoto; (a) gpointstudio/Istockphoto; (b) Gulcin Ragiboglu/Shutterstock; badnews86dups/Shutterstock; (c) jwohlfeil/Istockphoto; (d) badnews86dups/Shutterstock; p. 133: ariwasabi/Istockphoto; p. 134: Abel Mitja Varela/Istockphoto; Olga Strelnikova/Shutterstock; p. 135: Bojan89/Istockphoto; CarlaNichiata/Getty Images; p. 137: FatCamera/Istockphoto; Giselleflissak/Istockphoto; monkeybusinessimages/Getty Images; shtonado/Istockphoto; p. 138: pixdeluxe/Istockphoto; p. 140: Marish/Shutterstock; p. 141: Ander Gillenea/Istockphoto; p. 142: lupushnova/Istockphoto; illustration/Istockphoto; jemastock/Istockphoto; p. 144: M_D_A/Istockphoto; p. 146: Mashot/Istockphoto; p. 147: Quarta_/Shutterstock; p. 148: (a) SDI Productions/Istockphoto; (b) SeventyFour/Istockphoto; (c) gradyreese/Istockphoto; (d) zeljkosantrac/Istockphoto; p. 149: smolaw11/Istockphoto; Ponomariova_Maria/Shutterstock; p. 150: BRO Vector/Shutterstock; p. 151: SeventyFour/Istockphoto; p. 152: FG Trade/Istockphoto; FG Trade/Istockphoto.

CONOCE TU LIBRO

¡Bienvenido(a)!
¡Abre esta **Ventana al español** y conoce tu libro!

UNIDADES TEMÁTICAS

Serás capaz de...
Cada unidad empieza con los objetivos comunicativos de aprendizaje a ser desarrollados.

¿Qué sabes?
Presenta preguntas sobre las imágenes de apertura y/o cuestiones de prelectura sobre el texto que se encuentra al comienzo de la unidad. Tiene el objetivo de activar los conocimientos previos sobre el tema.

¡A empezar!
Esta sección tiene por finalidad desarrollar la comprensión auditiva y lectora.

Cajón de letras (y sonidos)
Es el espacio de presentación y práctica del vocabulario relacionado con el eje temático de la unidad. Algunas actividades se acceden con un código QR que lleva a una galería de imágenes. En los volúmenes 1 y 2, la sección presenta, además, el estudio de los contenidos fonéticos y, por ello, se llama **Cajón de letras y sonidos**.

¡Acércate!
Esta sección introduce las estructuras gramaticales que contribuyen a una comunicación eficiente.

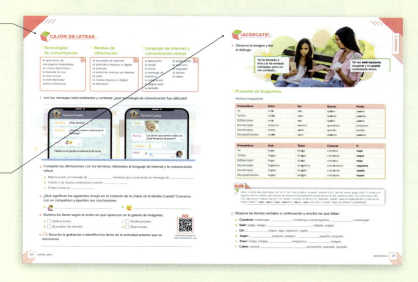

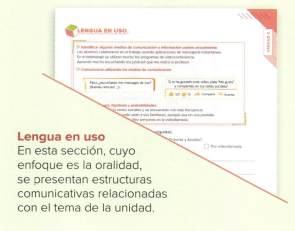

Lengua en uso
En esta sección, cuyo enfoque es la oralidad, se presentan estructuras comunicativas relacionadas con el tema de la unidad.

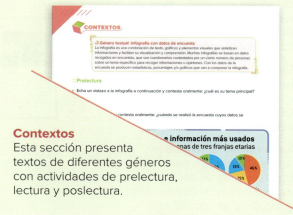

Contextos
Esta sección presenta textos de diferentes géneros con actividades de prelectura, lectura y poslectura.

tres 3

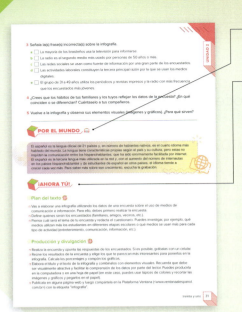

Por el mundo
Presenta aspectos sociales y culturales relacionados con el universo hispanohablante y con conocimientos de mundo en general.

¡Ahora tú!
Esta sección está dirigida a la producción textual de un género relacionado con el de la sección **Contextos** y contempla el plan del texto, su producción y la divulgación en la **Plataforma Ventana al español**.

REPASOS (UNIDADES 4 Y 8)
Estas unidades presentan actividades de repaso para practicar y consolidar los contenidos vistos en las unidades anteriores.

PROYECTOS INTERDISCIPLINARIOS
Estos apartados están dirigidos al trabajo con base en las metodologías activas y los Temas Contemporáneos Transversales.

APÉNDICES

Glosario español-portugués/portugués-español
Presenta las principales palabras del volumen para ayudar en las tareas de comprensión y producción.

Más contextos
Presenta un texto relacionado con el de la sección **Contextos** para ampliar el análisis de la intertextualidad entre diferentes géneros.

Cuaderno de actividades
Presenta propuestas para repasar y fijar el contenido de las secciones de cada unidad, además de ofrecer estrategias de estudio y de aprendizaje.

ÍCONOS Y RECUADROS

🎧 1 Este ícono indica que la actividad es de escucha y/o que su contenido está grabado. Además, el número especifica la pista correspondiente.

🌐 Este ícono indica que la actividad es de investigación en internet y/o de publicación en la **Plataforma Ventana al español**.

Ojo
Este recuadro complementa aspectos lingüísticos o culturales relacionados con los contenidos de la sección a que corresponde.

Aprender mejor
Este recuadro del **Cuaderno de actividades** presenta *tips* y orientaciones para contribuir al estudio y al aprendizaje.

COMPONENTES DIGITALES

Códigos QR
Los códigos QR (del inglés *Quick Response*, respuesta rápida) presentan las imágenes animadas de las aperturas de las unidades y las galerías de imágenes de la sección **Cajón de letras (y sonidos)**. Para acceder a estos contenidos, es necesario tener un lector de códigos QR instalado en un dispositivo móvil con cámara (teléfono inteligente o tableta). Escanea el código QR para aprender más.

http://mod.lk/3va_qr

Plataforma Ventana al español
La colección tiene su propia plataforma social para que todos los que estudien con *Ventana al español* compartan las actividades y los proyectos propuestos en el material.

Hay sugerencias de etiquetas en algunas actividades a fin de que, al realizar una búsqueda en la plataforma, se puedan encontrar las publicaciones de otros alumnos sobre la misma actividad. Puedes acceder a la plataforma digitando <www.ventanaalespanol.com.br> en tu navegador cada vez que encuentres, en las unidades, una sugerencia de publicación en la plataforma.

Para empezar, escanea el código QR y accede a un video tutorial que enseña cómo se usa la **Plataforma Ventana al español**.

Si no tienes un dispositivo móvil para escanear el código QR, podrás encontrar el video en la página principal de la **Plataforma Ventana al español**, disponible en <www.ventanaalespanol.com.br>.

http://mod.lk/3va_pva

Recursos digitales en el Portal Educacional Santillana
En el Portal Educacional Santillana están disponibles los audios y los contenidos de los códigos QR del libro impreso. Además, hay objetos digitales como juegos, videos, actividades interactivas, animaciones sobre géneros textuales y otros recursos complementarios que contribuyen al aprendizaje.

Accede a <www.santillanaespanol.com.br> y conoce todos los recursos digitales de la colección.

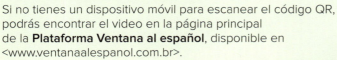

MATERIALES COMPLEMENTARIOS
Acompaña cada volumen de la colección un material que se relaciona con el tema del proyecto de vida y de las competencias socioemocionales y un libro de apoyo a la lectura.

cinco 5

TABLA DE CONTENIDOS

Apartados de la obra	¿Qué sabes? – ¡A empezar!	Cajón de letras	¡Acércate!
Ejes organizadores de la BNCC	Oralidad	Conocimientos lingüísticos	Conocimientos lingüísticos

📕 UNIDAD 1 – Ojalá cuidemos mejor nuestro planeta – p. 8

| Contenidos | Acciones para revertir y evitar los daños causados al planeta, 9, 10 y 11 | El medioambiente: problemas y soluciones, 12 | Presente de Subjuntivo: verbos regulares, 13 y 14 |

📕 UNIDAD 2 – Conectad@s – p. 20

| Contenidos | Medios de comunicación e información usados actualmente, 21, 22 y 23 | Tecnologías de comunicación / Medios de información / Lenguaje de internet y comunicación virtual, 24 | Presente de Subjuntivo: verbos irregulares / Adverbios de cantidad, 25 y 26 |

📕 UNIDAD 3 – Hacia un consumo consciente – p. 32

| Contenidos | Educación financiera, 33, 34 y 35 | El banco y las finanzas / Prácticas de consumo / Las compras / Las formas de pago, 36 | Condicional Simple de Indicativo: verbos regulares e irregulares, 37 y 38 |

📕 UNIDAD 4 – Repaso – p. 44

📕 PROYECTO INTERDISCIPLINARIO 1 – p. 50

📕 UNIDAD 5 – Conócete y respétate, conoce y respeta al prójimo – p. 52

| Contenidos | Autoconocimiento, comportamiento y respeto, 53, 54 y 55 | Comportamientos y valores, 56 | Imperativo afirmativo: verbos regulares e irregulares, 57 y 58 |

📕 UNIDAD 6 – Yo por ti, tú por mí – p. 64

| Contenidos | Derechos y deberes de los ciudadanos, 65, 66 y 67 | Ciudadanía / Derechos / Deberes, 68 | Imperativo negativo: verbos regulares e irregulares, 69 y 70 |

📕 UNIDAD 7 – Mi proyecto de vida – p. 76

| Contenidos | Juventud y proyecto de vida, 77, 78 y 79 | Proyectos personales, sociales y profesionales / El proyecto de vida / Objetivos y metas, 80 | Pronombre objeto indirecto + pronombre objeto directo, 81 y 82 |

📕 UNIDAD 8 – Repaso – p. 88

📕 PROYECTO INTERDISCIPLINARIO 2 – p. 94

Apéndices   Glosario – p. 97   Más contextos – p. 105   Cuaderno de actividades – p. 117

Lengua en uso	¡Acércate!	Contextos	¡Ahora tú!	Por el mundo
Oralidad	Conocimientos lingüísticos	Lectura	Escritura	Dimensión intercultural
Expresar deseos, indicar probabilidades y formular hipótesis / Reconocer las principales causas de la degradación del medioambiente / Hablar de las acciones que se pueden realizar para evitar y revertir los daños causados al planeta, 15	Repaso del artículo neutro "lo" / Artículo neutro "lo" como intensificador, 16 y 17	Reportaje, 18 y 19	Fotorreportaje, 19	Activismo ambiental juvenil por el mundo, 11
Identificar algunos medios de comunicación e información usados actualmente / Comunicarse utilizando los medios de comunicación / Expresar deseos, hipótesis y probabilidades, 27	Repaso de "muy" y "mucho", 28 y 29	Infografía con datos de encuesta, 30 y 31	Infografía con datos de encuesta, 31	Español en la red: comunicación por el mundo, 31
Dar consejos o sugerencias / Expresar deseos / Hacer pedidos / Reconocer formas de consumo consciente, 39	Pretérito Imperfecto de Subjuntivo: verbos regulares e irregulares / Conjunción condicional "si", 40 y 41	Debate, 42 y 43	Artículo de opinión con base en un debate, 43	Iniciativas económicas de jóvenes por el mundo, 43
Hacer pedidos / Dar consejos, permisos, instrucciones y órdenes / Reconocer comportamientos positivos y negativos, 59	Repaso de las reglas de colocación de los pronombres reflexivos y los pronombres objeto directo e indirecto / Colocación de los pronombres con el verbo en Imperativo afirmativo, 60 y 61	Campaña de publicidad, 62 y 63	Campaña de publicidad, 63	Comportamientos y valores por el mundo, 56
Defender y opinar sobre derechos, deberes y cuestiones éticas, 71	Colocación de los pronombres en el Imperativo afirmativo y el Imperativo negativo / Repaso de las demás reglas de colocación de los pronombres, 72 y 73	Foro de discusión, 74 y 75	Foro de discusión, 75	Derecho al voto por el mundo, 67
Hacer dos referencias al mismo tiempo dentro de un contexto, 83	Pronombre objeto indirecto + pronombre objeto directo: colocación de los pronombres, 84 y 85	Meme, 86 y 87	Meme, 87	Jóvenes y sus metas por el mundo, 87

siete 7

1 OJALÁ CUIDEMOS MEJOR NUESTRO PLANETA

Serás capaz de...

▷ reconocer las principales causas de la degradación del medioambiente;
▷ hablar de las acciones que se pueden realizar para evitar y revertir los daños causados al planeta;
▷ expresar deseos, indicar probabilidades y formular hipótesis.

¿QUÉ SABES?

▷ ¿Te preocupa el medioambiente?
▷ ¿Cuáles crees que son los principales impactos ambientales en la actualidad?
▷ ¿Qué acciones sostenibles realizas?

¡A EMPEZAR!

1 Señala los hábitos sostenibles relacionados con las imágenes.

   a ☐ Ahorro de agua.
   b ☐ Reutilización de materiales y disminución del uso de plástico.
   c ☐ Reaprovechamiento de alimentos.
   d ☐ Plantío de árboles.
   e ☐ Reciclaje.
   f ☐ Energía renovable.
   g ☐ Transporte sostenible.
   h ☐ Uso de pilas y baterías recargables.

2 🎧 Escucha un pódcast sobre hábitos sostenibles. ¿Practicas alguno(s) de los hábitos expuestos? ¿Cuál(es)?

_____

Imágenes animadas
http://mod.lk/3va4_u1i

nueve 9

3 🎧 Lee el texto y define con tus palabras el término "sostenible".

___

Seamos sostenibles

Bienvenidos a este nuevo episodio de nuestro programa *Seamos sostenibles*. ¿Cómo están? Hoy vamos a hablar sobre cómo podemos incorporar la sostenibilidad a nuestra vida. Antes que nada, les digo que estas recomendaciones no servirán para todos, ya que cada uno tiene sus particularidades y necesidades. Sin embargo, les comento lo que, para mí, fue efectivo.

Lo primero que hice para tener una vida más sostenible fue pensar en cuáles de mis acciones no eran sostenibles y qué podría hacer para cambiarlas y generar menos impacto ambiental. Después empecé a buscar informaciones sobre sostenibilidad y estudié de qué manera podría mejorar mis actitudes. Entonces, me di cuenta de que podría consumir menos y de una manera más consciente, analizando los productos y sus fabricantes antes de comprarlos. Disminuí el consumo y, consecuentemente, la basura que generaba. Con relación a esta, seguí separándola de acuerdo con sus materiales e incentivando cada vez más el reciclaje. Luego hice mi propia huerta para comprar menos alimentos y una compostera para generar menos basura; además, comencé a producir jabones, mermeladas y panes para no tener que comprarlos.

Les aclaro que no fue fácil cambiar mis hábitos, pero me parece importante que reconozcamos la importancia de hacerlo, sobre todo porque la vida más sostenible resultó ser una vida más feliz. No dejen de escuchar el próximo episodio y conocer más sobre mi experiencia.

Basado en: <https://open.spotify.com/episode/5vEOzWMPOqogwGdwMdk4b5>. Acceso el: 7 dic. 2020.

4 Ordena las acciones realizadas por la narradora del pódcast.

- a ☐ Investigación y estudio.
- b ☐ Reflexión.
- c ☐ Disminución de la basura.
- d ☐ Reducción del consumo.
- e ☐ Separación de la basura.
- f ☐ Producción propia.

5 La narradora del pódcast hizo una compostera. ¿Sabes lo que es? Señala la alternativa correcta.

- a ☐ Terreno en que se cultivan verduras, legumbres y frutas.
- b ☐ Dulce que se puede hacer con fruta madura cocida para aprovecharla.
- c ☐ Recipiente donde se deposita materia orgánica (como hojas de árboles y cáscaras de frutos secos) para obtener abono natural.

6 Desde tu punto de vista, ¿de qué manera pueden reducir el daño al medioambiente los cambios realizados por la narradora?

_____

7 ¿Qué otros títulos darías a un pódcast sobre el medioambiente?

_____

8 En grupos, investiguen otros hábitos sostenibles y apúntenlos. Luego discutan cómo disminuyen el impacto ambiental.

_____

POR EL MUNDO

La preocupación por el planeta es defendida con cada vez más fuerza por la nueva generación. Leah Namugerwa, una joven de Uganda, equilibra su rutina entre los estudios y la realización de discursos sobre la temática ambiental. Uno de sus mayores movimientos tenía el objetivo de disminuir el uso de bolsas plásticas en su país. Escucha la grabación y conoce otros jóvenes activistas y las causas que defienden.

CAJÓN DE LETRAS

)))El medioambiente: problemas y soluciones

el cambio climático la contaminación la deforestación el desperdicio el efecto invernadero la extinción la inundación la quema la residuos tóxicos las sustancias radioactivas y químicas	el consumo consciente el desarrollo sostenible la energía renovable la preservación el reaprovechamiento el reciclaje la reforestación la separación de la basura

1 Señala, entre los cuadros anteriores, el que se relaciona con posibles soluciones para el medioambiente.

2 Escribe el nombre de los problemas ambientales retratados en la galería de imágenes.
_____

Galería de imágenes
http://mod.lk/3va4_u1g

3 Lee las definiciones e indica las correspondientes soluciones para el medioambiente.

a Repoblación de un terreno deforestado con otras plantas: _____

b Fuente de energía limpia e inagotable: _____

c Proceso en el cual los desechos se convierten en nuevos productos: _____

d Capacidad de suplir las necesidades de la población sin causar daños al medioambiente:
_____

e Consumo atento a los impactos que pueden ser provocados por los productos consumidos:
_____

4 🎧 03 Escucha la entrevista con un secretario de medioambiente y apunta los problemas mencionados. Luego escribe algo que, desde tu punto de vista, los solucionaría.

Problemas	Soluciones

12 doce

1 Observa la imagen y lee el diálogo.

Hacer este trabajo voluntario para limpiar el medioambiente me hace muy bien.

Ojalá otros más también **reflexionen** y **cambien** sus hábitos.

))) Presente de Subjuntivo

Este tiempo verbal se utiliza para expresar deseos, indicar probabilidades y formular hipótesis. Las vocales características de la terminación del Presente de Subjuntivo son: "-ar" ➜ "e"; "-er" ➜ "a"; "-ir" ➜ "a". Los verbos terminados en "-er" e "-ir" usan la misma vocal.

Verbos regulares

Pronombres	Preservar	Aprender	Consumir
Yo	preserve	aprenda	consuma
Tú/Vos	preserves	aprendas	consumas
Él/Ella/Usted	preserve	aprenda	consuma
Nosotros(as)	preservemos	aprendamos	consumamos
Vosotros(as)	preservéis	aprendáis	consumáis
Ellos(as)/Ustedes	preserven	aprendan	consuman

El Presente de Subjuntivo puede ser precedido de algunas expresiones que indican hipótesis y probabilidades, como "quizá(s)", "tal vez" y "es probable que", y deseos, como "ojalá" y "espero que".

trece 13

2 Elige la opción que completa correctamente las frases.

  a Ojalá todos _____ menos basura.
  ☐ generar   ☐ generan   ☐ generen

  b Espero que este año no se _____ más de lo necesario.
  ☐ consuma   ☐ consumir   ☐ consumo

  c Deseo que todos se _____ con la preservación.
  ☐ comprometen   ☐ comprometan   ☐ comprometer

  d Ojalá el Gobierno _____ medios de transporte más sostenibles.
  ☐ permita   ☐ permitir   ☐ permite

3 Transforma las frases en probabilidades o deseos usando las expresiones indicadas.

  a Cuidas el medioambiente.
  Ojalá _____.

  b Este año separamos la basura.
  Espero que este año _____.

  c Ahorro energía usando bombillas LED.
  Quizás _____.

  d Falta agua potable para la mitad de la población mundial.
  Es probable que _____.

4 Observa las imágenes y formula un deseo de cambio para cada hábito representado.

a	b	c	d
Ejemplo: Ojalá consuma de manera consciente.	Espero que _____	Deseo que _____	Ojalá _____

5 Completa el cartel con tus deseos para solucionar los problemas ambientales. Usa verbos conjugados en Presente de Subjuntivo.

LENGUA EN USO

▶ **Expresar deseos, indicar probabilidades y formular hipótesis**
Ojalá...
Espero que.../Quiero que...
Tal vez.../Quizá(s)...
Es posible que.../Es probable que...

▶ **Reconocer las principales causas de la degradación del medioambiente**
Los mares están contaminados porque...
La principal causa del cambio climático es...
La razón de la extinción de esta especie es...

▶ **Hablar de las acciones que se pueden realizar para evitar y revertir los daños causados al planeta**
Es muy importante que... ahorremos agua/no contaminemos el medioambiente.
Es necesario que... cuidemos el planeta/respetemos la biodiversidad.

1 Escucha el diálogo y completa la tabla con las hipótesis o los deseos mencionados.

Nombre	Hipótesis	Deseos
Elena		
Alberto		
Miguel		
Raquel		

2 Conversa con un compañero y compartan deseos e hipótesis sobre el futuro del planeta.

3 Elige tres de los problemas ambientales a continuación. Luego investiga sus principales causas y apúntalas usando las expresiones que has aprendido.

el cambio climático   la contaminación del agua   la contaminación del suelo
la contaminación sonora   la deforestación   el efecto invernadero
la extinción de animales   la inundación   la quema

_____
_____

4 En parejas, discutan acciones que se pueden realizar para evitar y revertir los daños causados por los problemas ambientales que han elegido en la actividad anterior.

quince 15

¡ACÉRCATE!

1 Observa la imagen y lee el diálogo.

¿Saben **lo** importantes que son estas iniciativas?

Sí, cuidar el planeta es un deber de todos.

))) Repaso del artículo neutro "lo"

2 En la tabla, completa los usos del artículo neutro con "lo + que", "lo + adjetivo" o "lo + de". Luego completa sus ejemplos.

Usos	Funciones	Ejemplos
	"lo" tiene la función de sustantivar el adjetivo masculino o femenino	_____ de esta marca es su concientización ambiental. (= la mejor cosa)
	"lo" se refiere a una idea ya expresada o que se va a expresar	_____ más me entristece es la extinción de nuestras especies. (= la cosa que, aquello que)
	"lo" se refiere a algo ya conocido por los hablantes	_____ organizar una campaña de concientización es una excelente idea. (= el asunto de)

))) Artículo neutro "lo" como intensificador

Semánticamente, "lo" puede cumplir la función de intensificar el significado de un adjetivo o un adverbio.

Usos	Funciones	Ejemplos
"lo" = artículo neutro como intensificador del adjetivo	para aumentar la intensidad de la característica que representa el adjetivo	Te cuento **lo** <u>interesantes</u> que están las campañas sobre preservación. (= cómo están interesantes) Mira **lo** <u>linda</u> que está la playa ahora que la limpiamos. (= cómo está linda)
"lo" = artículo neutro como intensificador del adverbio	para aumentar la intensidad de la característica que representa el adverbio	No sabes **lo** <u>bien</u> que haces al medioambiente. (= qué bien haces) Es necesario que empecemos a reciclar **lo** <u>antes</u> posible. (= cuanto antes)

El adjetivo intensificado por el artículo neutro "lo" siempre concuerda en género y número con el sustantivo con el que se relaciona. El adverbio intensificado se mantiene invariable.

3 Relaciona las frases con la función del artículo neutro.

a Lo que hacemos hoy nos traerá consecuencias mañana.
b Lo bonito de nuestro planeta está en la naturaleza.
c No sabes lo peligrosos que son los cambios climáticos.
d No te imaginas lo lejos que está el desarrollo totalmente sostenible.
e Lo de crear nuevas campañas de preservación me parece importantísimo.

☐ "Lo" tiene la función de sustantivar el adjetivo.
☐ "Lo" se refiere a una idea ya expresada o que se va a expresar.
☐ "Lo" se refiere a algo ya conocido por los hablantes.
☐ "Lo" aumenta la intensidad de la característica que representa el adjetivo.
☐ "Lo" aumenta la intensidad de la característica que representa el adverbio.

4 Relaciona las imágenes con las frases. Luego elige la frase con sentido equivalente al de la original.

a Es necesario comprender que las energías renovables son verdaderamente importantes para el desarrollo sostenible.
  ☐ Es necesario comprender que las energías renovables se tornaron importantes para el desarrollo sostenible.
  ☐ Es necesario comprender lo importantes que son las energías renovables para el desarrollo sostenible.

b Está comprobado que disminuir el desperdicio y la basura es realmente impactante para el planeta.
  ☐ Está comprobado lo impactante que es para el planeta disminuir el desperdicio y la basura.
  ☐ Está comprobado que disminuir el desperdicio y la basura tiene impacto en el planeta.

5 Reescribe las frases y añade el artículo neutro "lo" en el lugar adecuado.

Ejemplo: Nos dimos cuenta de que estos cursos de ecología son muy interesantes.
Nos dimos cuenta de lo interesantes que son estos cursos de ecología.

a Pude comprobar que la contaminación del aire es verdaderamente peligrosa.
_____

b Comprendimos que las campañas ambientales son realmente necesarias.
_____

c Jorge nos ha contado que la iniciativa sostenible de su empresa es increíblemente eficiente.
_____

d Al ordenar nuestros armarios, descubrimos que la cantidad de ropa que compramos es muy exagerada.
_____

CONTEXTOS

> **Género textual: reportaje**
> El reportaje es un género textual periodístico que tiene como objetivo informar al lector sobre determinado asunto. Suele ser más extenso que una noticia y puede incluir opiniones de especialistas en el tema y también el testimonio de individuos que tienen alguna relación con el acontecimiento informado. Los reportajes generalmente están estructurados de la siguiente manera: titular, entradilla, introducción, cuerpo y conclusión.

Prelectura

1 Conversa con un compañero y contesta las preguntas oralmente.

a ¿Cómo te informas sobre los acontecimientos cotidianos?
b ¿Con qué frecuencia lees reportajes?
c ¿Dónde hay reportajes?

2 Observa rápidamente el texto y la foto que lo acompaña. ¿Sobre qué tema crees que trata?

_____

Lectura

3 Lee el texto e identifica sus partes.

a Conclusión.　b Cuerpo.　c Entradilla.　d Introducción.　e Titular.

UN DESAFÍO PARA HOY Y MAÑANA

La sostenibilidad se ha convertido en un elemento crucial a la hora de hacer nuestras compras. Sin embargo, ponerla en práctica sigue siendo un desafío contemporáneo y futuro.

La transformación de nuestros hábitos de consumo determinará la salud del planeta. Tratar de sostenibilidad y consumo consciente no es una novedad y es evidente que ya estamos avanzando en algunos aspectos, pero el mundo necesita muchos cambios más.

De acuerdo con Daniel Calleja, director general de Medioambiente de la Comisión Europea, "si seguimos a este ritmo, un planeta no va a ser suficiente y la generación de residuos va a aumentar un 70 % de aquí a 2025".

Bajo esta perspectiva, la economía a la que estamos acostumbrados, basada en producir, consumir y tirar, debe ser sustituida por otra en la que se apueste por la mínima extracción de materias primas y el máximo aprovechamiento de los residuos.

En algunos lugares ya se pueden encontrar iniciativas de esta práctica. Espigoladors, por ejemplo, fundada en 2014 en España, es una empresa que organiza grupos de voluntarios para recoger excedentes agrícolas o alimentos "feos", que no se van a comercializar, y destinarlos a comedores sociales o a la elaboración de cremas, salsas y otros platos, salvando toneladas de alimentos. Del mismo modo, Retex, una empresa chilena, recupera y recicla material textil desechado. Si las prendas se encuentran en buen estado, son donadas a quienes las necesitan. En cambio, los desechos textiles que no están en condiciones de ser donados se trituran y se saca un multitextil del que deriva un algodón reciclado que se envía a las mismas empresas que hicieron las donaciones para que puedan reutilizarlo en nuevos productos: mochilas, estuches, etc.

La verdad es que cada vez más necesitamos iniciativas de ese tipo. Y cambiar nuestros hábitos depende de nosotros. ¿Qué estás haciendo tú por un futuro más sostenible?

Basado en: <https://elpais.com/elpais/2018/09/11/eps/1536681073_060705.html>. Acceso el: 14 dic. 2020.

))) Poslectura

4 Marca HR (hecho real) u OP (opinión personal) en los siguientes fragmentos del texto.

a ☐ "[...] si seguimos a este ritmo, un planeta no va a ser suficiente [...]".

b ☐ "Espigoladors, por ejemplo, fundada en 2014 en España [...]".

5 Con base en el texto, contesta las siguientes preguntas.

a ¿Qué se estima en el texto sobre la generación de residuos en el futuro?
___

b ¿Cuál es la diferencia entre la economía actual y una economía sostenible?
___

c ¿A qué sectores pertenecen y cuáles son las características de las empresas sostenibles mencionadas?
___

d ¿Por qué pueden ser consideradas sostenibles las empresas mencionadas?
___

6 ¿Cuál es el argumento principal del reportaje y qué evidencias lo sustentan?
___
___

7 ¿Qué tipo de empresa relacionada con la sostenibilidad crearías? Coméntalo oralmente con un compañero.

8 En grupos, investiguen en internet otras empresas que se basan en el concepto de desarrollo sostenible y discutan sobre el sector al que pertenecen y las características que las hacen sostenibles. Luego apunten sus conclusiones. 🌐
___
___

¡AHORA TÚ!

))) Plan del texto 🌐

☐ Vas a elaborar un fotorreportaje sobre sostenibilidad.
☐ Saca fotos o busca imágenes que representen lo que quieres tratar.
☐ Organiza las ideas y decide el argumento principal con base en las imágenes.

))) Producción y divulgación 🌐

☐ Organiza las imágenes de modo que correspondan a una estructura lógica y coherente.
☐ Elige un título y escribe un texto breve para acompañar las imágenes (o cada imagen).
☐ Publícalo en un sitio web y compártelo en la Plataforma Ventana (<www.ventanaalespanol.com.br>) con la etiqueta "fotorreportaje".

Serás capaz de...

▷ identificar algunos medios de comunicación e información usados actualmente;
▷ comunicarte utilizando los medios de comunicación;
▷ expresar deseos, hipótesis y probabilidades.

¿QUÉ SABES?

▷ ¿Qué medios sueles usar para comunicarte con tus familiares y amigos?
▷ ¿Y cómo te informas de las noticias y los asuntos que te interesan?
▷ ¿Te parece que las formas de comunicarse e informarse han cambiado mucho en los últimos años? ¿Por qué?

¡A EMPEZAR!

1 Relaciona las acciones con las imágenes.

- ☐ Leer noticias en internet.
- ☐ Usar redes sociales.
- ☐ Hablar por celular.
- ☐ Investigar temas en internet.
- ☐ Usar aplicaciones de mensajería instantánea.
- ☐ Hacer una videollamada o videoconferencia.

2 🎧 Escucha un reportaje sobre el uso de las videollamadas. Señala las frases correctas de acuerdo con la grabación.

a ☐ La realización de videollamadas ha disminuido últimamente.
b ☐ Las nuevas tecnologías permiten que la gente se comunique en momentos de aislamiento.
c ☐ Con las aplicaciones existentes hasta el momento, no es posible hacer videollamadas con más de diez personas a la vez.
d ☐ Las videollamadas permiten hacer reuniones de trabajo virtuales.
e ☐ Para muchas personas, las reuniones virtuales son más cansadoras que las presenciales.

veintiuno 21

3  Lee el reportaje y conversa con un compañero: ¿cuán importantes son para ti las nuevas tecnologías cuando estás en casa? ¿Por qué?

CONECTADOS A CUALQUIER MOMENTO

Cuando tenemos que quedarnos en casa, utilizamos la tecnología para trabajar y conectarnos con quienes echamos de menos

Si uno se ve obligado a quedarse en casa —como en el caso de una pandemia— o lo hace por opción, es probable que tenga que cambiar su forma de relacionarse, tanto con los amigos y familiares como con los compañeros de trabajo. Las nuevas tecnologías tienen un papel importantísimo en ese cambio y hacen posible la comunicación en momentos de aislamiento.

En los últimos años ha crecido mucho el uso de aplicaciones de mensajería instantánea y videoconferencia. De acuerdo con la aplicación escogida, es posible realizar llamadas con cuatro, diez o hasta cien personas a la vez, lo que resulta muy útil para hacer las reuniones de trabajo y mantener todo al día, aunque uno esté en casa.

Muchas personas, sin embargo, dicen sentirse más cansadas tras una reunión de trabajo virtual, ya que las videollamadas requieren mayor atención y exposición en comparación con las charlas cara a cara. Para disminuir ese cansancio, especialistas recomiendan usar otros métodos de comunicación, como mensajes y llamadas de voz, en lugar de realizar videoconferencias como el único medio de solucionar cuestiones de trabajo.

De todas formas, contar con las nuevas tecnologías es fundamental para no interrumpir el trabajo y, sobre todo, para acortar las distancias y acercarnos virtualmente a los familiares y amigos.

Basado en: <www.20minutos.es/noticia/4188975/0/videollamadas-para-pasar-la-cuarentena-del-coronavirus-whatsapp-facetime-houseparty-las-mejores-apps/?autoref=true> y <www.elpais.com.uy/vida-actual/fatiga-zoom-agotan-videollamadas-cuarentena.html>. Acceso a ambos el: 4 en. 2021.

4 Señala las tecnologías de comunicación que se mencionan en el texto.

- **a** ☐ Redes sociales.
- **b** ☐ Correo electrónico.
- **c** ☐ Mensajería instantánea.
- **d** ☐ Videollamada/videoconferencia.
- **e** ☐ Llamada de voz.

5 Relaciona las imágenes con algunas de las tecnologías de la actividad anterior.

 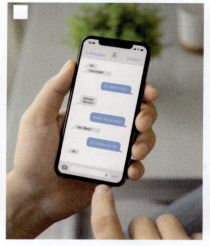 

6 Contesta las preguntas de acuerdo con el texto.

a ¿Qué entiendes por "aislamiento"?

_____
_____
_____

b ¿Por qué son tan importantes las nuevas tecnologías en momentos de aislamiento?

_____

c Cuando las personas se quedan en casa, ¿utilizan las tecnologías solamente en la comunicación personal, con amigos y familiares? Fundamenta tu respuesta.

_____
_____

d ¿Cuál es la recomendación de los especialistas con relación al cansancio ocasionado por las videoconferencias de trabajo?

_____
_____

7 Conversa con un compañero: ¿están de acuerdo con la afirmación de que "las videollamadas requieren mayor atención y exposición en comparación con las charlas cara a cara"? Fundamenten su respuesta.

8 En grupos, investiguen sobre el uso de las tecnologías de comunicación en Brasil y discutan: ¿ha aumentado el uso de esos recursos últimamente? ¿Les parece que más personas pasaron a comunicarse a través de las nuevas tecnologías? Apunten sus conclusiones.

_____
_____
_____
_____

))) Tecnologías de comunicación

la aplicación de mensajería instantánea
el correo electrónico
la llamada de voz
la rede social
la videollamada/videoconferencia

))) Medios de información

el buscador de internet
el periódico impreso o digital
el pódcast
el portal de noticias en internet
la radio
la revista impresa o digital
la televisión

))) Lenguaje de internet y comunicación virtual

la aplicación
el *emoji*
el ícono
el mensaje de texto/voz
la notificación
la página web
la pantalla
la publicación
la reacción
el seguidor
el *sticker*
el video

1 Lee los mensajes intercambiados y contesta: ¿qué tecnología de comunicación fue utilizada?

2 Completa las afirmaciones con los términos referentes al lenguaje de internet y la comunicación virtual.

a   Marina envió un mensaje de _____, mientras que Lucía envió un mensaje de _____.

b   Fabián y tía Quela contestaron usando _____.

c   Felipe envió un _____.

3 ¿Qué significan los siguientes *emojis* en el contexto de la charla de la familia Cuesta? Conversa con un compañero y apunten sus conclusiones.

a 🙋 _____   b 😋 _____

4 Numera los ítems según el orden en que aparecen en la galería de imágenes.

a ☐ Aplicaciones.   c ☐ Notificaciones.
b ☐ Buscador de internet. d ☐ Reacciones.

5 🎧 Escucha la grabación e identifica los ítems de la actividad anterior que se mencionan.

Galería de imágenes
http://mod.lk/3va4_u2g

24 veinticuatro

¡ACÉRCATE!

1 Observa la imagen y lee el diálogo.

> Ya he llamado a Ana y le he enviado mensajes, pero no me contesta...

> Tal vez **esté bastante** ocupada y no **pueda** contestarte ahora.

Presente de Subjuntivo

Verbos irregulares

Pronombres	Estar	Ser	Querer	Poder
Yo	esté	sea	quiera	pueda
Tú/Vos	estés	seas	quieras	puedas
Él/Ella/Usted	esté	sea	quiera	pueda
Nosotros(as)	estemos	seamos	queramos	podamos
Vosotros(as)	estéis	seáis	queráis	podáis
Ellos(as)/Ustedes	estén	sean	quieran	puedan

Pronombres	Huir	Tener	Conocer	Ir
Yo	huya	tenga	conozca	vaya
Tú/Vos	huyas	tengas	conozcas	vayas
Él/Ella/Usted	huya	tenga	conozca	vaya
Nosotros(as)	huyamos	tengamos	conozcamos	vayamos
Vosotros(as)	huyáis	tengáis	conozcáis	vayáis
Ellos(as)/Ustedes	huyan	tengan	conozcan	vayan

OJO

Otros verbos que diptongan en "ie" y "ue" son: preferir, requerir, sentirse ("ie"); dormir, volver, jugar ("ue"). Y estos son algunos de los verbos que tienen las demás irregularidades presentadas en los cuadros: decir, oír, venir, traer, salir ("g"); aparecer, traducir, nacer ("z"); excluir, construir, destruir ("y"). Además, existen otras irregularidades, como la del verbo "saber": sepa, sepas, sepa, sepamos, sepáis, sepan (el verbo "caber" sigue la misma irregularidad).

2 Observa las formas verbales a continuación y escribe las que faltan.

a **Construir:** construya, _____, construya, construyamos, _____, construyan.

b **Salir:** salga, salgas, _____, _____, salgáis, salgan.

c **Oír:** _____, oigas, oiga, oigamos, oigáis, _____.

d **Jugar:** _____, juegues, juegue, _____, juguéis, jueguen.

e **Traer:** traiga, traigas, _____, traigamos, _____, traigan.

f **Caber:** quepa, _____, _____, quepamos, quepáis, quepan.

3 Completa las frases con los verbos del recuadro en Presente de Subjuntivo.

| decir | estar | ir | poder | preferir | requerir | sentirse | ser | traducir | venir |

a Quizás el jefe no _____ a la reunión y _____ que va a hacer una videoconferencia.

b Es probable que _____ sin conexión por la noche y no _____ hacer la videollamada. [nosotros]

c Cuando _____ a algún lugar que _____ silencio, desactiva las notificaciones del celular. [tú / él]

d No creo que _____ las únicas que se cansan con las reuniones virtuales. [vosotras]

e Tal vez no _____ a gusto apareciendo en la pantalla y _____ hacer llamadas de voz. [ella]

f Espero que _____ el texto de esta aplicación en la próxima versión. [ellos]

))) Adverbios de cantidad

Adverbios	Ejemplos
demasiado	Si lees **demasiado** en pantallas, puedes irritarte los ojos.
mucho	Te duelen los pulgares porque tecleas **mucho** en el celular.
muy	Las noticias se actualizan **muy** rápido en internet.
bastante	Ha reflexionado **bastante** antes de publicar ese comentario.
tanto	La videoconferencia tardó **tanto** en terminar que solo pude cenar a las diez de la noche.
tan	¿Por qué te parece **tan** importante leer todas las publicaciones de tus amigos?
casi	Se quedó **casi** dos horas hablando con su abuela por videollamada.
más	Me gusta **más** enviar mensajes de voz que de texto.
menos	Mi última publicación ha tenido **menos** "me gusta" que lo usual.
algo	Las informaciones de esta página son **algo** vagas, ¿no te parece?
poco	He visitado **poco** los portales de noticias últimamente.
nada	Para algunas personas no es **nada** fácil acostumbrarse a las nuevas tecnologías de comunicación.

4 Relaciona las columnas para formar frases y complétalas con los adverbios del recuadro.

| bastante | demasiado | más | menos | mucho | muy | tan |

a Me gusta esta aplicación de mensajería porque
b Las nuevas tecnologías nos ayudan
c Creo que la gente se comunica _____
d El teléfono fijo ya no es _____
e Puedes informarte _____
f Les resulta _____ fácil a los jóvenes

☐ utilizado como antes, ¿verdad?
☐ _____ en momentos de aislamiento.
☐ comunicarse con *stickers* y *emojis*.
☐ con los portales y aplicaciones de noticias.
☐ por mensajes y cada vez _____ cara a cara.
☐ tiene _____ recursos que las demás.

LENGUA EN USO

▷ **Identificar algunos medios de comunicación e información usados actualmente**
Los alumnos colaboraron en el trabajo usando aplicaciones de mensajería instantánea.
En el teletrabajo se utilizan mucho los programas de videoconferencia.
Aprendo mucho escuchando los pódcast que me indicó el profesor.

▷ **Comunicarse utilizando los medios de comunicación**

> Paco, ¿escuchaste mis mensajes de voz? ¡Buenas noticias! ✈

> Si te ha gustado este video, ¡dale "Me gusta" y compártelo en tus redes sociales!
> 👍 123 👎 15 ➡ Compartir ≡+ Guardar

▷ **Expresar deseos, hipótesis y probabilidades**
Ojalá utilicen menos las redes sociales y se encuentren con más frecuencia.
Tal vez se sientan mejor cuando vean a sus familiares, aunque sea en una pantalla.
Es probable que incluyan a unas diez personas en la videollamada.

1 🎧 Escucha la conversación y contesta las preguntas.

a ¿Por qué medio se están comunicando Arturo, Alicia, Roberta y Andrés?

☐ Por mensajes de texto.   ☐ Por mensajes de voz.   ☐ Por videollamada.

b ¿De qué hablan? ¿Qué deciden hacer primero?
___

c ¿Qué deseo expresa Alicia con relación a su parte de la investigación?
___

d ¿Por qué sugiere Andrés usar ejemplos reales de publicaciones?
___

e ¿Qué sugiere Roberta en cuanto al fragmento de video? ¿Está segura de que podrán hacerlo?
___

f ¿Qué recurso muy empleado en las aplicaciones de mensajería se menciona al final de la conversación?
___

2 En grupos, investiguen sobre el uso de las redes sociales por personas de diferentes edades. Para discutir las etapas del trabajo, comuníquense por mensajes de texto y de voz usando una aplicación de mensajería instantánea. Para presentar el trabajo a los compañeros, graben un video, publíquenlo en una página web y compártanlo en la Plataforma Ventana (<www.ventanaalespanol.com.br>) con la etiqueta "redes sociales". 🌐

3 Escribe dos frases relacionadas con la comunicación y el acceso a la información en el futuro: una que exprese un deseo y otra que presente una hipótesis o una probabilidad.
___
___
___

veintisiete 27

¡ACÉRCATE!

1 Observa la imagen y lee el diálogo.

Es **muy** práctico poder hablar con usted por videollamada, doctor Sánchez.

Sí, nos facilita **mucho** la atención inicial al paciente. Pero venga al consultorio si no mejora.

))) Repaso de "muy" y "mucho"

2 Completa los usos y los ejemplos con "muy" o "mucho(a/s)".

Usos	Ejemplos
_____ + adjetivo	Los empleados están _____ **satisfechos** con el nuevo sistema de teletrabajo.
_____ + adverbio	Este ratón inalámbrico se conecta _____ **rápidamente** a la computadora.
verbo + _____	Habla _____ por teléfono con sus compañeros de trabajo.
_____ + adverbios **más, menos, antes, después**	Comunicarse por mensajes es _____ **más** fácil y práctico.
_____ + adjetivos **mejor, peor, mayor, menor**	La videollamada es _____ **mejor** que la llamada telefónica, porque así reúno a toda la familia.
_____, _____, _____	_____ **gente** intentó conectarse a la vez y se cayó la llamada.
o _____ + sustantivo	Hay _____ **programas** gratis para hacer videollamadas.

OJO

"Mucho" puede modificar el significado de un verbo o anteceder a los adverbios "más", "menos", "antes", "después" y los comparativos "mejor", "peor", "mayor" y "menor". Antes de adjetivos y adverbios se emplea la forma apocopada "muy".
Las formas "mucho(s)" y "mucha(s)" se refieren a la cantidad de algo expresado por un sustantivo, con el que concuerdan en género y número. En este caso, aunque se use "más" y "menos", se mantiene la concordancia con el sustantivo: "much**as** más **aplicaciones**".

3 🎧 Escucha la grabación y señala la(s) forma(s) utilizada(s) en cada frase.

- **a** ☐ Muy. ☐ Mucho. ☐ Muchos. ☐ Muchas.
- **b** ☐ Muy. ☐ Mucho. ☐ Mucha. ☐ Muchas.
- **c** ☐ Muy. ☐ Mucho. ☐ Mucha. ☐ Muchos.
- **d** ☐ Muy. ☐ Mucho. ☐ Mucha. ☐ Muchas.
- **e** ☐ Muy. ☐ Mucho. ☐ Mucha. ☐ Muchas.

4 Haz un círculo alrededor de la opción correcta.

a Hoy día hay **mucha** / **mucho** / **muchas** maneras de comunicarse.

b En el grupo de mi familia recibo **mucho** / **muchos** / **muchas** más mensajes que en los demás grupos.

c Se queda **mucho** / **muy** / **muchos** tiempo en las redes sociales y se comunica **mucho** / **muy** / **mucha** poco cara a cara.

d Me preparo **muy** / **mucho** / **muchos** e investigo todo lo necesario antes de grabar un video para mi canal en internet.

e Creo que con las nuevas tecnologías nos comunicamos **muchas** / **mucho** / **mucha** más.

f Tus textos son **mucho** / **muchos** / **muy** buenos. ¿Por qué no publicas algunos en tu página?

g ¿No te parece que antes la comunicación era **mucho** / **muy** / **mucha** menos fría? Convivíamos más con las personas y las visitábamos más veces para conversar.

5 Observa el meme y completa las frases con "muy" o "mucho(a/s)".

6 Ordena las palabras para formar frases.

a las publicaciones – de mis – comentar – sociales – Me – mucho – amigos – en las – gusta – redes
_____

b publican – muy – interesantes – que – Sigo – de literatura – unos textos – unas páginas
_____

c mi – video – muchos – porque – No – que – todos – en – los comentarios – he leído – había – dejaron
_____

7 🔊 Escucha las frases y numera las imágenes. Luego apunta si se usa "muy" o "mucho(a/s)" en cada frase.

_____ _____ _____ _____

CONTEXTOS

> ◢ **Género textual: infografía con datos de encuesta**
> La infografía es una combinación de texto, gráficos y elementos visuales que sintetizan informaciones y facilitan su visualización y comprensión. Muchas infografías se basan en datos recogidos en encuestas, que son cuestionarios contestados por un cierto número de personas sobre un tema específico para recoger informaciones u opiniones. Con los datos de la encuesta se producen estadísticas, porcentajes y/o gráficos que van a componer la infografía.

))) Prelectura

1 Echa un vistazo a la infografía a continuación y contesta oralmente: ¿cuál es su tema principal?

))) Lectura

2 Lee la infografía y contesta oralmente: ¿cuándo se realizó la encuesta cuyos datos se utilizaron en la infografía?

Medios de comunicación e información más usados
Encuesta realizada con 3500 personas de tres franjas etarias

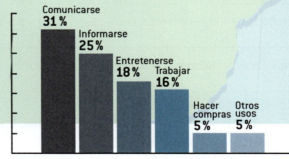

Para qué se usan los medios digitales

El 65 % de los encuestados se informa de las noticias por medio de periódicos en línea y redes sociales.

La televisión aún es el principal medio de entretenimiento de gran parte de la población.

Datos recogidos en la encuesta *Qué medios de comunicación e información los brasileños usan más hoy día*, realizada en junio de 2021 por el Instituto Nacional de Investigación y Encuestas.

3 Señala la(s) frase(s) incorrecta(s) sobre la infografía.

a ☐ La mayoría de los brasileños usa la televisión para informarse.
b ☐ La radio es el segundo medio más usado por personas de 50 años o más.
c ☐ Las redes sociales se usan como fuente de información por una gran parte de los encuestados.
d ☐ Las actividades laborales constituyen la tercera principal razón por la que se usan los medios digitales.
e ☐ El grupo de 31 a 49 años utiliza los periódicos y revistas impresos y la radio con más frecuencia que los encuestados más jóvenes.

4 ¿Crees que los hábitos de tus familiares y los tuyos reflejan los datos de la encuesta? ¿En qué coinciden o se diferencian? Cuéntaselo a tus compañeros.

5 Vuelve a la infografía y observa sus elementos visuales (imágenes y gráficos). ¿Para qué sirven?

El español es la lengua oficial de 21 países y, en número de hablantes nativos, es el cuarto idioma más hablado del mundo. La lengua tiene características propias según el país y su cultura, pero estas no impiden la comunicación entre los hispanohablantes, que ha sido enormemente facilitada por internet. El español es la tercera lengua más utilizada en la red y, con el aumento del número de internautas en los países hispanohablantes y de estudiantes de español en otros países, el idioma tiende a crecer cada vez más. Para saber más sobre ese crecimiento, escucha la grabación.

))) Plan del texto 🌐

◻ Vas a elaborar una infografía utilizando los datos de una encuesta sobre el uso de medios de comunicación e información. Para ello, debes primero realizar la encuesta.
◻ Define quiénes serán los encuestados (familiares, amigos, vecinos, etc.).
◻ Piensa cuál será el tema de tu encuesta y redacta el cuestionario. Puedes investigar, por ejemplo, qué medios utilizan más los estudiantes en diferentes etapas escolares o qué medios se usan más para cada tipo de actividad (entretenimiento, comunicación, información, etc.).

))) Producción y divulgación 🌐

◻ Realiza la encuesta y apunta las respuestas de los encuestados. Si es posible, grábalas con un celular.
◻ Reúne los resultados de la encuesta y elige los que te parezcan más interesantes para ponerlos en la infografía. Calcula los porcentajes y compón los gráficos.
◻ Elabora el título y el texto de la infografía y combínalos con elementos visuales. Recuerda que debe ser visualmente atractiva y facilitar la comprensión de los datos por parte del lector. Puedes producirla en la computadora o en una hoja de papel (en este caso, puedes usar lápices de colores y recortar las imágenes y gráficos y pegarlos en el papel).
◻ Publícala en alguna página web y luego compártela en la Plataforma Ventana (<www.ventanaalespanol.com.br>) con la etiqueta "infografía".

3 HACIA UN CONSUMO CONSCIENTE

Serás capaz de...

- reconocer formas de consumo consciente;
- dar consejos o sugerencias;
- expresar deseos y hacer pedidos.

¿QUÉ SABES?

- ¿Recibes algún dinero de la(s) persona(s) con quien(es) vives?
- En caso afirmativo, ¿cómo lo administras?
- En caso negativo, si necesitas comprar algo, ¿a quién se lo pides?

¡A EMPEZAR!

1 Relaciona las imágenes con las acciones y formas de pago que representan.

Acciones:
- ☐ Ahorrar.
- ☐ Comparar precios.
- ☐ Derrochar.
- ☐ Planear.

Formas de pago:
- ☐ En efectivo.
- ☐ Con tarjeta de crédito.

2 🎧 0130 Escucha una entrevista con un experto en finanzas. Luego identifica su nombre, ocupación y cómo se llama el proyecto del cual es coordinador.

_____

treinta y tres 33

3 🔊 Lee la entrevista y luego relaciona los términos con su definición.

Mundo de hoy

Entre tantas ofertas que nos llegan de todas partes, hay que aprender a elegir. *Mundo de hoy* entrevistó al economista Ernesto Gómez, coordinador del proyecto "Finanzas para todos". Para este especialista, hablar de dinero con niños y adolescentes es la mejor manera de crear consumidores adultos conscientes.

Mundo de hoy: ¿En qué momento de la vida es necesario empezar a pensar o hablar de dinero?

Ernesto Gómez: Por mucho tiempo se consideró que hablar de finanzas era cosa de adultos y que era suficiente darles a los hijos todo lo que querían o, a lo mejor, todo lo que era posible. Afortunadamente, esto está cambiando. Las familias han entendido que a los jóvenes no les interesa solamente una colección de monedas antiguas del abuelo y que enseñar el valor del dinero es importantísimo.

Mundo de hoy: ¿El valor del dinero?

Ernesto Gómez: Sí, es fundamental que los niños y adolescentes sepan que el dinero no es algo malo o bueno, sino algo necesario para que las relaciones de intercambio funcionen mejor. Y más que nunca, deben aprender a darle el justo valor: ni demasiado, ni poco.

Mundo de hoy: ¿Y cómo sería?

Ernesto Gómez: Hay que tener una relación saludable con las finanzas, saber gestionarlas. La idea principal es aprender a hacer planes y esforzarse de alguna manera para lograrlos. Básicamente, organizarse y no gastar más de lo que tenemos o más de lo necesario.

> "Las familias han entendido que a los jóvenes no les interesa solamente una colección de monedas antiguas del abuelo y que enseñar el valor del dinero es importantísimo."

Mundo de hoy: ¿Eso se aplica también a los niños? ¿De qué manera?

Ernesto Gómez: ¿Y por qué no? Una buena manera de empezar es regalarles la tradicional hucha, para que empiecen desde temprana edad a entender la idea del ahorro. No es una cuestión de privarlos de los bienes a que puedan acceder, sino de darles la posibilidad de vivir una situación real, con la cual se enfrentarán a lo largo de la vida adulta. Si mi hijo entiende que trabajamos para tener en casa las cosas necesarias, incluso el agua que sale del grifo, será capaz de valorar el trabajo y entender que gastar lo necesario, sin derroche, siempre será la mejor opción para todos.

a Ahorro.
b Derroche.
c Finanzas.
d Gestionar.
e Hucha.

☐ Conjunto de bienes de que dispone una persona en relación al dinero.
☐ Recipiente cerrado que tiene una ranura por donde se echan monedas para guardarlas y ahorrar.
☐ Reserva de dinero para una emergencia o para planes futuros.
☐ Dirigir, administrar.
☐ Gasto excesivo, superfluo, sin necesidad.

4 Marca V (verdadero) o F (falso) de acuerdo con el texto.

a ☐ Hablar de dinero con un niño puede llevarlo a tener excesivas preocupaciones cuando sea adulto.
b ☐ Un consumidor consciente no compra más de lo necesario.
c ☐ Regalar una hucha a un niño lo ayudará a aprender la idea de ahorro.
d ☐ No hay que darle ninguna importancia al dinero.

5 Ahora, corrige la(s) frase(s) falsa(s) de la actividad anterior utilizando fragmentos del texto.

_____
_____
_____
_____

6 Marca la alternativa que mejor explica la frase: "Las familias han entendido que a los jóvenes no les interesa solamente una colección de monedas antiguas del abuelo".

a ☐ A los niños les gusta coleccionar monedas antiguas, pues lo aprendieron con los abuelos.
b ☐ Las familias saben que a los niños no les interesa nada saber de dinero.
c ☐ Los familiares se han dado cuenta de que el interés de los niños y adolescentes se ha extendido también a las finanzas.

7 Observa otra vez las imágenes de apertura de la unidad. ¿Te identificas con alguna(s) de aquellas situaciones? Marca la(s) alternativa(s) que corresponda(n).

a ☐ Me gusta ahorrar para comprar lo que necesito o tengo ganas de tener.
b ☐ Casi siempre compro cosas por impulso, aunque no las necesite.
c ☐ Antes de comprar algo, investigo si hay mejores opciones de precio.
d ☐ Mis familiares y yo utilizamos una aplicación o una hoja de control de gastos para controlar las finanzas.

8 Contesta las preguntas a continuación.

a En tu opinión, ¿aprender a gestionar el dinero es algo importante? ¿Por qué?
_____

b Estás de acuerdo con la frase "¿gastar lo necesario, sin derroche, siempre será la mejor opción para todos"? ¿Por qué?
_____

c Basándote en tus respuestas a las preguntas anteriores, ¿te consideras una persona económica o consumista? ¿Por qué?
_____

9 Las pruebas de PISA, un examen internacional aplicado cada tres años, evalúan, entre diversas áreas temáticas, el nivel de conocimiento financiero de los adolescentes. En grupos, investiguen el resultado de los estudiantes brasileños en esa área divulgado en el último informe PISA y apúntenlo.

_____
_____

treinta y cinco

CAJÓN DE LETRAS

))) El banco y las finanzas

el billete
el cajero automático
la cuenta corriente
la ganancia
el interés
la inversión
la moneda
la moneda virtual
el préstamo
el presupuesto
la tasa

))) Prácticas de consumo

el ahorro
el alquiler
la compra
el consumismo
el consumo consciente
el derroche
la venta

))) Las compras

el cambio
el/la consumidor(a)
el descuento
la factura
la liquidación/las rebajas
el pago
el precio
el tique

))) Las formas de pago

a plazos/en cuotas
al contado
con tarjeta de crédito/débito
en efectivo/metálico
el pago mediante dispositivos móviles
la transferencia electrónica

1 Identifica las formas de pago que aparecen en la galería de imágenes.

_____
_____
_____

Galería de imágenes
http://mod.lk/3va4_u3g

2 Completa el texto con las palabras del recuadro.

| consumidor | consumismo | consumo consciente | derroche | pago | precio | préstamo |

El _____ no significa dejar de comprar, sino examinar nuestras reales necesidades y adquirir lo esencial sin _____ para, así, consumir menos. También consiste en observar si lo que nos parece ahora que necesitamos nos servirá en otro momento y, en caso negativo, buscar alternativas.

Hoy día son usuales las aplicaciones de intercambio de objetos que ponen en contacto personas que tienen un producto y otras que lo necesitan. A veces, el _____ se hace entre amigos, otras veces, mediante un _____ simbólico.

Un _____ inteligente tampoco compra siempre lo más barato: primero, analiza qué producto o servicio, teniendo en cuenta su _____, le va a ser más útil y durar más tiempo.

Consumir de manera responsable implica, además, guiarse por criterios sociales y ambientales con el objetivo de contribuir a un entorno favorable para todos con el menor impacto posible en el medioambiente. Significa elegir productos ecológicos y comprar de empresas que respetan los derechos humanos.

Evitemos el _____, valoremos adecuadamente lo que ya tenemos y apoyemos un consumo más ético, responsable y sustentable.

¡ACÉRCATE!

1 Observa la imagen y lee el diálogo.

¿Qué puedo usar para terminar esta maqueta? ¿Tienes alguna idea?

Bueno... Yo que tú **aprovecharía** algunos materiales desechables. Además de sumar puntos para el proyecto de Ciencias, de esa forma **ahorrarías** y **reciclarías**. ¡El planeta te lo va a agradecer!

Condicional Simple de Indicativo

Puede utilizarse para dar consejos, expresar deseos y hacer pedidos. Las terminaciones son las mismas para los verbos terminados en "-ar", "-er" e "-ir".

Verbos regulares

Pronombres	Reciclar	Vender	Invertir
Yo	reciclar**ía**	vender**ía**	invertir**ía**
Tú/Vos	reciclar**ías**	vender**ías**	invertir**ías**
Él/Ella/Usted	reciclar**ía**	vender**ía**	invertir**ía**
Nosotros(as)	reciclar**íamos**	vender**íamos**	invertir**íamos**
Vosotros(as)	reciclar**íais**	vender**íais**	invertir**íais**
Ellos(as)/Ustedes	reciclar**ían**	vender**ían**	invertir**ían**

Verbos irregulares

Presentan las mismas irregularidades del Futuro Imperfecto de Indicativo, es decir, el cambio está en la raíz, y las terminaciones son idénticas a las de los verbos regulares.

Pronombres	Poder	Querer	Poner	Tener	Decir	Hacer
Yo	po**dría**	que**rría**	pon**dría**	ten**dría**	di**ría**	ha**ría**
Tú/Vos	po**drías**	que**rrías**	pon**drías**	ten**drías**	di**rías**	ha**rías**
Él/Ella/Usted	po**dría**	que**rría**	pon**dría**	ten**dría**	di**ría**	ha**ría**
Nosotros(as)	po**dríamos**	que**rríamos**	pon**dríamos**	ten**dríamos**	di**ríamos**	ha**ríamos**
Vosotros(as)	po**dríais**	que**rríais**	pon**dríais**	ten**dríais**	di**ríais**	ha**ríais**
Ellos(as)/Ustedes	po**drían**	que**rrían**	pon**drían**	ten**drían**	di**rían**	ha**rían**

OJO

Otros verbos que sufren la misma irregularidad de "poder" y "querer" son: haber ➜ habría; saber ➜ sabría; caber ➜ cabría. Y estos tienen la misma irregularidad de "poner" y "tener": salir ➜ saldría; valer ➜ valdría; venir ➜ vendría.

2 Haz un círculo alrededor de los verbos en Condicional Simple de Indicativo e identifica con qué finalidad se emplean en cada frase.

	Hacer un pedido	Dar un consejo	Expresar un deseo
a Nos gustaría ahorrar más.			
b Ana, me olvidé la billetera. ¿Me prestarías algún dinero para la merienda?			
c Yo que tú pensaría en el futuro.			
d Me encantaría hacer un curso de finanzas personales.			
e Yo en el lugar de Bernardo no compraría el celular ahora; esperaría las rebajas.			

3 Completa las frases conjugando los verbos en Condicional Simple de Indicativo.

a Yo en tu lugar _____ en la Bolsa de Valores. [invertir]

b _____ mucho entender más sobre finanzas porque me parece un tema importante para mi futuro. [gustar – a mí]

c ¿Qué _____ para ahorrar más dinero? [hacer – tú]

d ¿_____ productos de segunda mano? [comprar – ustedes]

e Si calculásemos nuestros gastos diarios, _____ con exactitud cuánto gastamos mensualmente. [saber]

4 🔊 Escucha algunas situaciones y relaciónalas con las imágenes que correspondan. Luego escribe un consejo para cada problema planteado usando el Condicional Simple de Indicativo.

LENGUA EN USO

▷ **Dar consejos o sugerencias**
Yo que tú empezaría hoy mismo a invertir los ahorros.
Yo en tu lugar solo compraría en el comercio local.
Deberían comparar los precios antes de comprar.
Podrías ahorrar para pagar en efectivo y recibir un descuento.

▷ **Expresar deseos**
Me gustaría organizar mis finanzas.
Le encantaría pagar sus deudas.

▷ **Hacer pedidos**
¿Me ayudarías a hacer una hoja de control de gastos?
¿Podría usted enseñarme otro modelo más económico?

▷ **Reconocer formas de consumo consciente**
Siempre pienso si realmente voy a usar lo que deseo comprar.
Comparo la calidad y el precio de los productos y servicios.
Soy crítico frente a la publicidad y la moda; compro solo lo que necesito y me gusta.
Prefiero productos artesanales, ecológicos y de empresas socialmente responsables.

1 🎧 015 Escucha los diálogos, relaciónalos con la idea que transmiten y contesta las preguntas.

☐ Expresa un deseo.
¿Cuál es el deseo? _____

☐ Da un consejo.
¿Cuál es el consejo? _____

☐ Hace un pedido.
¿Cuál es el pedido? _____

2 Manuel está bastante preocupado por la situación del barrio en que vive: muchas tiendas están cerrando sus actividades. Decidió, entonces, hacer una publicación en una red social con un pedido: que la gente lo ayude con ideas para salvar el comercio local. Conversa con un compañero y piensen en algunas sugerencias que podrían darle a Manuel.

3 A la hora de adquirir un producto, ¿qué influencia tienen los siguientes aspectos en tu decisión? Señala las opciones apropiadas. Luego conversa con un compañero y comparen sus motivaciones de compra.

		Nada	Un poco	Mucho
a	El precio.			
b	La apariencia.			
c	La utilidad.			
d	La publicidad.			
e	La calidad.			
f	La empresa/marca que lo produce.			
g	Todos mis amigos lo tienen.			

treinta y nueve 39

¡ACÉRCATE!

1 Observa la imagen y lee lo que dice la vendedora.

¡Gracias! **Si** más personas **apoyasen** al comercio local, **ayudarían** no solo a la economía sino también al medioambiente.

))) Pretérito Imperfecto de Subjuntivo

Con "tal vez" y "quizá(s)", se usa para formular hipótesis sobre un momento pasado. Ejemplo: Tal vez/Quizás no comprando por impulso encontrara/encontrase un mejor precio.

Con "ojalá" y el verbo "gustar" en Condicional Simple de Indicativo, se utiliza para expresar deseos que tienen pocas posibilidades de realizarse. Ejemplo: Ojalá/Me gustaría que las autoridades bajaran/bajasen los impuestos a las pequeñas empresas.

También sirve para expresar pedidos o consejos dados en el pasado y la causa de un sentimiento o reacción también pasados. Ejemplo: El profesor nos recomendó que empezáramos/empezásemos a ahorrar para el futuro. Nos sorprendió que él nos diera/diese un consejo sobre finanzas, pero lo escuchamos.

Verbos regulares

Pronombres	Apoyar	Vender	Consumir
Yo	apoy**ara/se**	vend**iera/se**	consum**iera/se**
Tú/Vos	apoy**aras/ses**	vend**ieras/ses**	consum**ieras/ses**
Él/Ella/Usted	apoy**ara/se**	vend**iera/se**	consum**iera/se**
Nosotros(as)	apoy**áramos/semos**	vend**iéramos/semos**	consum**iéramos/semos**
Vosotros(as)	apoy**arais/seis**	vend**ierais/seis**	consum**ierais/seis**
Ellos(as)/Ustedes	apoy**aran/sen**	vend**ieran/sen**	consum**ieran/sen**

El Pretérito Imperfecto de Subjuntivo se forma a partir de la 3.ª persona del plural del Pretérito Indefinido de Indicativo quitando la terminación "-ron" y añadiendo las terminaciones destacadas en la tabla. Ejemplos: apoya**ron** ➔ apoya**ra/se**, apoya**ras/ses**, etc.
Las formas en "-ra" o "-se" se usan indistintamente.

Verbos irregulares

La irregularidad tiene lugar en la raíz del verbo y se mantiene en todas las personas. Las terminaciones son las mismas de los verbos regulares. Otros verbos que presentan irregularidades en este tiempo son: caer ➜ cayera/se; dar ➜ diera/se; decir ➜ dijera/se; hacer ➜ hiciera/se; poder ➜ pudiera/se; poner ➜ pusiera/se; tener ➜ tuviera/se; etc.

Pronombres	Estar	Ser/Ir	Saber	Seguir
Yo	est**uv**iera/se	**fue**ra/se	s**up**iera/se	s**ig**uiera/se
Tú/Vos	est**uv**ieras/ses	**fue**ras/ses	s**up**ieras/ses	s**ig**uieras/ses
Él/Ella/Usted	est**uv**iera/se	**fue**ra/se	s**up**iera/se	s**ig**uiera/se
Nosotros(as)	est**uv**iéramos/semos	**fué**ramos/semos	s**up**iéramos/semos	s**ig**uiéramos/semos
Vosotros(as)	est**uv**ierais/seis	**fue**rais/seis	s**up**ierais/seis	s**ig**uierais/seis
Ellos(as)/Ustedes	est**uv**ieran/sen	**fue**ran/sen	s**up**ieran/sen	s**ig**uieran/sen

2 Completa las frases conjugando los verbos en Pretérito Imperfecto de Subjuntivo.

   a Nos gustaría que todos _____ por el consumo exagerado e _____ algo para reducirlo. [preocuparse / hacer]

   b Quizás, controlando tus gastos, no _____ tantos intereses. [pagar]

   c Le sugerí a mi hermana que _____ de comprar productos importados. [dejar]

   d Ojalá los productos ecológicos _____ más baratos para que más personas los _____. [ser / comprar]

Conjunción condicional "si"

Se usa para introducir una condición de la cual depende la concretización de un hecho o acción.

Usos de los tiempos verbales con la conjunción "si"		
Usos	Tiempos verbales	Ejemplos
hechos o acciones posibles en el presente o en el futuro	"si" + Presente de Indicativo + Presente de Indicativo	**Si disminuyo** el consumo de luz y agua, **ahorro** dinero.
hechos o acciones posibles con consecuencias hipotéticas en el futuro	"si" + Presente de Indicativo + Futuro Imperfecto de Indicativo	**Si ahorro** dinero, **podré** viajar en las vacaciones.
hechos o acciones poco probables de concretarse	"si" + Pretérito Imperfecto de Subjuntivo + Condicional Simple de Indicativo	**Si guardases** dinero, **tendrías** lo suficiente para tus gastos.

3 Lee las frases y clasifica los hechos como P (probables) o PP (poco probables).

   a ☐ Si compras una bici de segunda mano, gastarás mucho menos.

   b ☐ Si no gastaran con tonterías, tendrían algún dinero para terminar el mes.

   c ☐ Si organizase mejor sus finanzas, no necesitaría pedir un préstamo en el banco.

   d ☐ Si comparamos los precios, podemos ahorrar hasta un 10 %.

4 Completa las preguntas conjugando los verbos en Pretérito Imperfecto de Subjuntivo. Luego házselas a un compañero y después cambien los papeles.

a ¿Qué comprarías si _____ elegir cualquier cosa? [poder]

b ¿En qué invertirías si _____ dinero para invertir en un negocio? [tener]

CONTEXTOS

> ◢ **Género textual: debate**
> El debate es un género oral realizado a través de una conversación entre dos o más personas que se reúnen para discutir un determinado tema. Puede ser estructurado, con turnos definidos y un mediador, o espontáneo, como ocurre cuando expresamos nuestra opinión acerca de un tema entre amigos o conocidos.

⟫⟫Prelectura

1 Lee las siguientes afirmaciones y marca N, si no tienen nada que ver contigo; P, si te identificas un poco con lo que se dice; y T, si está totalmente de acuerdo con tu forma de pensar y/o actuar.

- **a** ☐ Siempre que emito una opinión puedo sostenerla con base en argumentos sólidos.
- **b** ☐ Creo que discutir un tema con otras personas que tienen ideas distintas a las mías puede ayudarme a entenderlo mejor.
- **c** ☐ En una discusión siempre quiero tener razón.
- **d** ☐ Prefiero escuchar opiniones que emitir las mías.

⟫⟫Lectura

2 Escucha un debate entre alumnos en clase. Luego contesta: ¿de qué trata el debate?

3 Ahora lee la transcripción del debate y haz un círculo alrededor de las palabras y expresiones que indican concordancia. Después subraya las que denotan desacuerdo.

Profesora: ¡Hola, chicos! ¡Por fin ha llegado el día de nuestro debate! ¿Están preparados los grupos?
Alumnos: ¡Sí!
Profesora: Muy bien. Nuestro tema, como ya lo saben, es: el consumo individual ¿tiene consecuencias en la sociedad como un todo? Como ya habíamos definido antes, seré la mediadora y cada grupo tendrá un portavoz inicial, que presentará la posición de su equipo. Sin embargo, todos podrán hacerse preguntas unos a los otros.
María: De acuerdo, profe.
Profesora: A ver quién empieza... ¿Raúl?
Raúl: Gracias, profe. Nuestro grupo ha pensado mucho sobre el tema y llegamos a la conclusión de que las decisiones de compra de una persona solamente la afectan a ella misma. Si el dinero es suyo, puede hacer lo que le dé la gana.
Profesora: Bien. ¿Y qué opina el grupo de Marcos?
Marcos: A nosotros eso no nos suena bien. Nos parece que tener dinero es una de las condiciones básicas para el consumo, pero nos preocupa que unos puedan consumir mucho y otros, poco.
Raúl: No lo veo así. ¡Nadie tiene la culpa de tener buenas condiciones económicas!
Marcos: Por supuesto que no. No lo he dicho. Sin embargo, las buenas condiciones deberían ir acompañadas de responsabilidad social.
Patricia: No entiendo qué tiene que ver comprar ropa con responsabilidad por los problemas del mundo...
María: Es bastante sencillo, Patricia. Vamos a tomar como ejemplo el consumo de agua. Si todos consumimos demasiado, sin pensar, aunque el Gobierno aumente las tasas y tengamos mucho dinero para pagar las cuentas, es posible que un día el agua falte a algunas personas.
Patricia: Tienes razón, María. Pero estás hablando de algo que todos necesitan. No me parece que las compras de productos tengan el mismo efecto. Si fuese así, no habría tanta publicidad ni tanto incentivo al consumo...

42 cuarenta y dos

))) Poslectura

4 Señala la(s) alternativa(s) correcta(s) sobre el debate.

- a ☐ Empezó a partir de un tema definido.
- b ☐ Los participantes no se prepararon con antelación para hablar del tema.
- c ☐ Se respetó el turno de habla establecido.
- d ☐ Hubo una persona que moderó la discusión.

5 Marca V (verdadero) o F (falso) de acuerdo con el debate.

- a ☐ Los dos grupos tienen la misma opinión sobre el tema.
- b ☐ El grupo de Raúl defiende que, si una persona puede pagar, puede consumir lo que quiera.
- c ☐ El grupo de Marcos se preocupa por la diferencia de capacidad de compra entre las personas.
- d ☐ El grupo de Marcos y María considera que el consumo excesivo no tiene impacto en la sociedad.

6 Y tú, ¿qué opinas sobre este tema? Presenta tu opinión a los demás compañeros. Luego escúchalos y discutan sus opiniones. Pueden investigar e incluir en el debate los siguientes asuntos:

- ▫ La posibilidad de comprar lo que queremos ¿nos ayuda a ser más felices?
- ▫ ¿El consumo contribuye a la actividad económica? ¿Y a la generación de empleo?
- ▫ ¿Qué relación hay entre el consumismo y el materialismo?
- ▫ ¿Cuáles son los impactos ambientales del consumismo y del derroche?
- ▫ Antes de hacer compras, ¿hay que preocuparse por quienes no tienen buenas condiciones económicas?

Pensar en finanzas y en consumo consciente no es solo tarea de adultos. Muchos jóvenes han empezado a movilizarse para promover acciones en el área económica. Escucha la grabación y conoce tres destacadas iniciativas juveniles.

))) Plan del texto

- ▫ Después de escuchar el debate sobre el impacto del consumo individual en la sociedad y de discutir las opiniones sobre este tema con tus compañeros, es hora de exponer tus ideas en un artículo de opinión. Prepárate buscando en internet y leyendo algunos artículos de opinión sobre este tema.

))) Producción y divulgación

- ▫ Apunta tus ideas y argumentos sobre el tema y busca datos que puedan apoyarlos.
- ▫ Elabora la primera versión del texto. El primer párrafo debe introducir el tema y despertar la atención del lector. En el siguiente presenta tu opinión seguida de argumentos que fundamenten tu posición. Concluye el artículo reforzando tus ideas.
- ▫ Revisa el texto con cuidado y no te olvides de darle un título conciso y claro.
- ▫ Publícalo en la Plataforma Ventana (<www.ventanaalespanol.com.br>) con la etiqueta "artículo de opinión".

REPASO

1 Relaciona los íconos con las acciones sostenibles que representan.

- ☐ Consumo consciente.
- ☐ Reciclaje.
- ☐ Energía renovable.
- ☐ Transporte sostenible.

2 Completa los titulares de los reportajes con las acciones sostenibles de la actividad anterior.

a

ABC

Gas natural para un ☐ ☐ de mercancías

Un combustible con cero emisiones de CO_2 aliado del medioambiente.

Adaptado del periódico español ABC.

b

ABC

Los jóvenes impulsan el ☐

Un informe revela que siete de cada diez padres hacen un consumo más responsable por la influencia de sus hijos.

Adaptado del periódico español ABC.

c

NATIONAL GEOGRAPHIC

☐ para abastecer todo el planeta

Abastecer a la población mundial requiere aumentar el consumo de energías limpias.

Adaptado de la revista española National Geographic España.

d

Magnet

Gracias al comercio *on-line*, el ☐ de cartón vive un *boom* sin precedentes

Sin posibilidad de salir a comprar por la pandemia, no hubo más remedio que acudir a internet.

Adaptado del periódico mexicano Magnet.

3 🔊 Escucha las noticias y escribe el tema central de cada una de ellas a partir de la letra inicial dada. Luego indica si se trata de un problema o una solución relacionados con el medioambiente.

- **a** R_____.
  - ☐ Problema.   ☐ Solución.
- **b** E_____.
  - ☐ Problema.   ☐ Solución.
- **c** S_____ de basura.
  - ☐ Problema.   ☐ Solución.
- **d** I_____.
  - ☐ Problema.   ☐ Solución.

44 cuarenta y cuatro

4 Lee el texto y haz un círculo alrededor de los verbos conjugados en Presente de Subjuntivo.

TIPS para que cuides el medioambiente desde casa

Tal vez seas de esos que pasan mucho tiempo bajo la ducha, pero ¿sabías que una ducha de 15 minutos consume cerca de 135 litros de agua? Por eso, según los expertos, es importante que el baño de ducha no dure más de 5 minutos.

Lamentablemente, es bastante común que las personas entren en una habitación, enciendan la luz y salgan sin apagarla. A fin de evitar el desperdicio de energía, siempre que te vayas de un lugar, debes comprobar si todo está apagado.

Cuando tengas que cambiar los electrodomésticos, es fundamental que observes la etiqueta del producto y veas la cantidad de energía que consume. Un buen aparato consume menos, lo que te permite contribuir al cuidado del medioambiente y, encima, ahorrar dinero.

Antes de tirar cualquier objeto a la basura, como ropa, útiles escolares y juguetes, reflexiona por un instante: quizás puedas reaprovecharlos de alguna manera o donarlos si están en buen estado.

Ojalá tú y otros atiendan a estas recomendaciones y cambien sus hábitos. ¡El planeta se lo agradece!

5 Observa los verbos que has encontrado y clasifícalos en regulares e irregulares.

- a Regulares: _____
- b Irregulares: _____

6 Lee otra vez las siguientes frases del texto y señala qué expresa cada una.

- a "**Tal vez** seas de esos que pasan mucho tiempo bajo la ducha".
  - ☐ Consejo.
  - ☐ Deseo.
  - ☐ Hipótesis.
- b "Antes de tirar cualquier objeto a la basura [...] **quizás** puedas reaprovecharlos".
  - ☐ Deseo.
  - ☐ Pedido.
  - ☐ Probabilidad.
- c "**Ojalá** tú y otros atiendan a estas recomendaciones".
  - ☐ Deseo.
  - ☐ Hipótesis.
  - ☐ Probabilidad.

7 Elige el verbo adecuado y conjúgalo en Presente de Subjuntivo.

- a Es fundamental que _____ por el futuro del planeta. [nosotros]
  - ☐ Preocuparse.
  - ☐ Devastar.
  - ☐ Preservar.
- b Ojalá la gente _____ cuenta de las graves consecuencias de tirar basura a la calle.
  - ☐ Tener.
  - ☐ Hacerse.
  - ☐ Darse.
- c Es necesario que los países _____ cada vez más en energías renovables.
  - ☐ Encontrar.
  - ☐ Invertir.
  - ☐ Producir.
- d Espero que este año _____ más; los ríos están demasiado secos.
  - ☐ Nevar.
  - ☐ Ventar.
  - ☐ Llover.

8 Lee las frases, analízalas y marca V (verdadero) o F (falso).

   a Lo sostenible está de moda.
   b Lo de la escasez de agua ya es una realidad en muchas regiones.
   c Lo que quiero decir es que urge debatir y luchar por la preservación del medioambiente.
   d El aumento de la deforestación y la contaminación nos recuerdan lo poco que hacemos para ayudar a salvar el planeta.

   ☐ En la frase "a", el artículo "lo" intensifica la característica que representa el adjetivo.
   ☐ En la frase "b", el artículo "lo" se refiere a algo ya conocido por los hablantes.
   ☐ En la frase "c", el artículo "lo" se refiere a una idea ya expresada o que se va a expresar.
   ☐ En la frase "d", el artículo "lo" tiene la función de sustantivar el adverbio.

9 Corrige la(s) frase(s) falsa(s) de la actividad anterior.
   _____
   _____
   _____

10 🎧 Escucha la grabación y numera las tecnologías de comunicación según el orden en que se presentan.

   a ☐ Videoconferencia/Videollamada.
   b ☐ Correo electrónico.
   c ☐ Mensajería instantánea.
   d ☐ Redes sociales.

11 Relaciona las tecnologías de la actividad anterior con las imágenes que correspondan.

46 cuarenta y seis

12 Señala los elementos y acciones presentes en cada una de las tecnologías de comunicación.

		Videoconferencia	Correo electrónico	Mensajería instantánea	Redes sociales
a	*Emojis*.				
b	Dirección electrónica con @.				
c	*Stickers*.				
d	Notificaciones.				
e	Seguidores.				
f	Asunto (título del mensaje).				
g	Compartir pantalla.				
h	Darle "me gusta" a una publicación.				

13 Utiliza los adverbios de cantidad y completa las frases con base en tus hábitos.

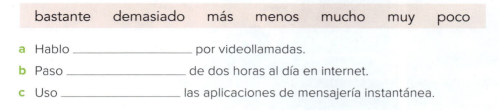

bastante   demasiado   más   menos   mucho   muy   poco

a Hablo _____ por videollamadas.

b Paso _____ de dos horas al día en internet.

c Uso _____ las aplicaciones de mensajería instantánea.

14 Completa los diálogos con "muy" y "mucho(a/s)".

a
Amigo, ¿me puedes hacer un gran favor?
9:15

Con _____ gusto.
9:23

Necesito ayuda para instalar unas aplicaciones en mi celular. Y ya lo sabes... Se me dan _____ mal las tecnologías.
9:29

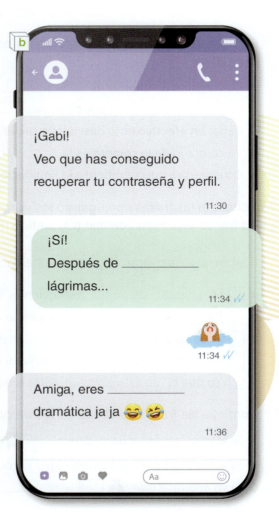

b
¡Gabi!
Veo que has conseguido recuperar tu contraseña y perfil.
11:30

¡Sí!
Después de _____ lágrimas...
11:34

Amiga, eres _____ dramática ja ja 😂🤣
11:36

15 🔊 Escucha una conversación e identifica una palabra o expresión que se refiere:

a al valor de un producto. _____

b a la reducción del valor de un producto. _____

c a una forma de pago. _____

d al cálculo de los gastos previstos para un determinado período. _____

e al valor pago por el uso de un dinero prestado o por el retraso de un pago. _____

f al recipiente utilizado para guardar dinero. _____

16 Apunta el nombre de los elementos que aparecen en las imágenes.

_____   _____   _____

17 Escribe un antónimo o sinónimo de las palabras y expresiones destacadas, según se indica en cada caso.

a Lo contrario de **ahorrar** es _____.

b El sinónimo de pagar **a plazos** es pagar _____.

c Pagar **en efectivo** es lo mismo que pagar _____.

d Lo contrario de la **compra** es la _____.

e Otra palabra que se refiere a la **liquidación** es _____.

18 Completa las frases conjugando los verbos del recuadro en Condicional Simple. Luego indica si las frases expresan consejo (C), pedido (P) o deseo (D).

ahorrar	esperar	gustar	hacer	poder	tener

a ☐ Me _____ estudiar más sobre economía.

b ☐ Paco, ¿_____ ayudarme a calcular los gastos de este mes?

c ☐ Yo en tu lugar _____ más cuidado al hacer inversiones.

d ☐ Ana, ¿me _____ el favor de prestarme cien pesos? Mañana te los pago.

e ☐ Yo que tú _____ las rebajas para comprar un celular nuevo.

19 Continúa las frases con base en los *emojis*. Conjuga los verbos en Condicional Simple.

a Si Marcos ganase mucho dinero, ✈️🧳🌍 _____.

b Si estuviese en un restaurante y me hubiese olvidado la billetera, 📱 _____.

c Si yo ahorrase más, 💰💻 _____.

48 cuarenta y ocho

20 Lee los anuncios publicitarios y subraya la parte de las frases que expresa una condición.

21 Vuelve a leer las frases de la actividad anterior que contienen condiciones y relaciónalas con su estructura.

- [ ] "Si" + Presente de Indicativo + Presente de Indicativo.
- [ ] "Si" + Presente de Indicativo + Futuro Imperfecto de Indicativo.
- [ ] "Si" + Pretérito Imperfecto de Subjuntivo + Condicional Simple.

22 Lee una vez más las frases "a" y "b" de la actividad 20 que contienen condiciones. ¿Qué significado expresan?

- [ ] Hecho posible.
- [ ] Hipótesis poco probable.

23 Completa las frases conjugando los verbos en Pretérito Imperfecto de Subjuntivo.

a Si un amigo te _____ dinero prestado, ¿se lo prestarías? [pedir]

b Si _____ ahorrar, ¿qué harías con el dinero? [poder]

c Si _____ en efectivo, me darían un descuento imperdible. [pagar]

d Si _____ dinero en la cuenta, pagaríamos con tarjeta de débito. [tener]

e Si las personas _____ sus compras durante las rebajas, gastarían mucho menos. [hacer]

PROYECTO INTERDISCIPLINARIO 1

RECICLAMOS Y ¡TODOS GANAMOS!

- **Organización:** la clase dividida en cinco grupos
- **Temas Contemporáneos Transversales:** *Ciência e Tecnologia; Educação Ambiental; Educação para o Consumo; Educação Financeira*
- **Metodología activa:** estudio de campo

Parte de los problemas ambientales de nuestra sociedad se relaciona con el exceso de basura que generamos y su descarte indebido, lo que puede provocar inundaciones; contaminación del agua, del suelo y del aire; incremento en la presencia de plagas y animales que dañan las plantaciones y causan enfermedades, entre otras graves consecuencias.

Para combatir estos problemas, surgieron las cooperativas de reciclaje que, como su propio nombre lo indica, trabajan con materiales desechables que se pueden reciclar.

A fin de que conozcan un poco más sobre este universo del reciclaje y las personas que se asocian para trabajar en él, les proponemos una investigación sobre este tema y una visita a una cooperativa local de reciclaje.

A partir de las informaciones obtenidas, tú y los demás compañeros van a redactar textos sobre el tema para un periódico del colegio.

Primera etapa

Entre toda la clase, conversen sobre las siguientes cuestiones:
- ¿Separan la basura en casa? En caso afirmativo, ¿cómo lo hacen? En caso negativo, ¿por qué no lo hacen?
- ¿Cuántas veces a la semana se saca la basura de casa?
- ¿Qué fin tiene la basura reciclable y no reciclable que se genera en sus casas?, ¿alguien la recoge?, ¿la llevan a un vertedero o a una cooperativa de reciclaje?
- ¿Suelen reaprovechar algo de la basura? En caso afirmativo, ¿qué y con qué finalidad?

Segunda etapa

Dividan la clase en cinco grupos. Cada equipo se encargará de investigar y organizar una presentación sobre uno de los temas a continuación:
- **Grupo 1:** ¿qué es el reciclaje?, ¿qué materiales pueden reciclarse?
- **Grupo 2:** ¿por qué es importante reciclar?, ¿cómo empezar a hacerlo?
- **Grupo 3:** ¿cuál es el tiempo de descomposición de los materiales?, ¿todos se degradan a la misma velocidad?
- **Grupo 4:** ¿qué son los vertederos?, ¿cómo funcionan?, ¿por qué son tan dañinos para el medioambiente y la salud humana?
- **Grupo 5:** ¿qué es una cooperativa de reciclaje?, ¿cómo funciona?, ¿cuál es su impacto ambiental, social y económico?

Para contestar estas preguntas, consulten libros y materiales en internet como videos y textos en páginas fiables. Además, pueden contar con la orientación del profesor de Ciencias.

Tercera etapa

En esta fase ustedes van a planificar la visita a una cooperativa de reciclaje.
- Cada equipo debe pensar qué le gustaría descubrir en la sede de esa asociación y cuáles serán los objetivos de visitarla. Realicen una lluvia de ideas con preguntas que les podrían hacer a las personas que trabajan en ese lugar, informaciones que creen que serían relevantes para los textos que van a producir, fotografías que quieren tomar, etc. Consideren aspectos como los materiales que se aprovechan, las etapas del proceso de reciclaje, la cantidad y el comercio de esos materiales, las

dificultades del trabajo, quiénes trabajan en ese lugar, cómo es su infraestructura, entre otros.
- Apunten las preguntas en un cuaderno, que será útil también para apuntar las respuestas y otros descubrimientos que hagan en la cooperativa.
- Dividan las tareas entre los integrantes del grupo: entrevistar a las personas que trabajan en la cooperativa, registrar por escrito o grabar las respuestas, tomar fotos, etc.

Cuarta etapa

¡Ha llegado el día de la visita! No se olviden de:
- llevar ropa y zapatos cómodos;
- tener en manos el cuaderno de campo para los apuntes necesarios;
- respetar los turnos de habla;
- solicitar permiso para tocar en algo, tomar fotos y/o hacer videos.

Consideren todas las recomendaciones del profesor y del personal local, y saquen provecho de esta oportunidad observando y participando atentamente de todos los momentos de la visita.

Quinta etapa

A partir de las informaciones obtenidas durante la investigación y la visita, cada grupo deberá elegir entre uno de los géneros periodísticos estudiados en las unidades 1 (reportaje, fotorreportaje, noticia), 2 (infografía) y 3 (artículo de opinión) y producir un texto que será publicado en un periódico del colegio.

Sexta etapa

Este es el momento de revisar el texto. Léanlo una vez más y realicen los ajustes necesarios. Luego definan el título que le pondrán y, con los textos de todos los grupos ya revisados, definan en qué periódico de la escuela harán la publicación. En caso de que no exista un diario, piensen en hacer una edición única y hagan su maquetación.

Séptima etapa

Divulguen el periódico a toda la comunidad escolar y enséñenselo también a sus familiares y amigos. No se olviden de publicarlo en una página web y compartirlo en la Plataforma Ventana (<www.ventanaalespanol.com.br>) con la etiqueta "proyecto reciclaje".

Octava etapa

Además de la publicación del trabajo en el periódico, piensen en otras acciones relativas al tema del reciclaje y el aprovechamiento de residuos que se puedan realizar en la escuela, como una exposición de artesanías hechas de materiales reciclables, un taller de elaboración de abono fabricado con residuos domésticos, etc.

Novena etapa

Hablen sobre sus vivencias y todo lo que han aprendido a lo largo del proyecto: lo que más les ha gustado; los conocimientos adquiridos; lo que más les ha llamado la atención; los cambios en su rutina respecto al tratamiento de la basura, etc.

cincuenta y uno 51

5 CONÓCETE Y RESPÉTATE, CONOCE Y RESPETA AL PRÓJIMO

Serás capaz de...

▷ reconocer comportamientos positivos y negativos;
▷ hacer pedidos;
▷ dar consejos, permisos, instrucciones y órdenes.

¿QUÉ SABES?

▷ ¿Crees que te conoces bien? ¿Cómo te describirías?
▷ ¿Te parece importante conocerte a ti mismo? ¿Por qué?

¡A EMPEZAR!

1 Relaciona las imágenes con los valores que representan.

☐ Amistad.   ☐ Esperanza.
☐ Amor.   ☐ Respeto.
☐ Coraje.   ☐ Solidaridad.

2 Entre los valores de la actividad anterior, ¿cuál es el que más pones en práctica y, por eso, es el que te define más?

_____

3 [0210] ¿Qué entiendes por autoconocimiento? Conversa con tus compañeros. Luego escucha un artículo sobre ese tema y confirma tu respuesta.

Imágenes animadas
http://mod.lk/3va4_u5i

cincuenta y tres 53

4 🔊 Lee el artículo y relaciona los párrafos con su contenido.
   a Comportamientos desarrollados con el autoconocimiento.
   b Definición de autoconocimiento.
   c Importancia de conocerse a sí mismo.
   d Preguntas para desarrollar el autoconocimiento.

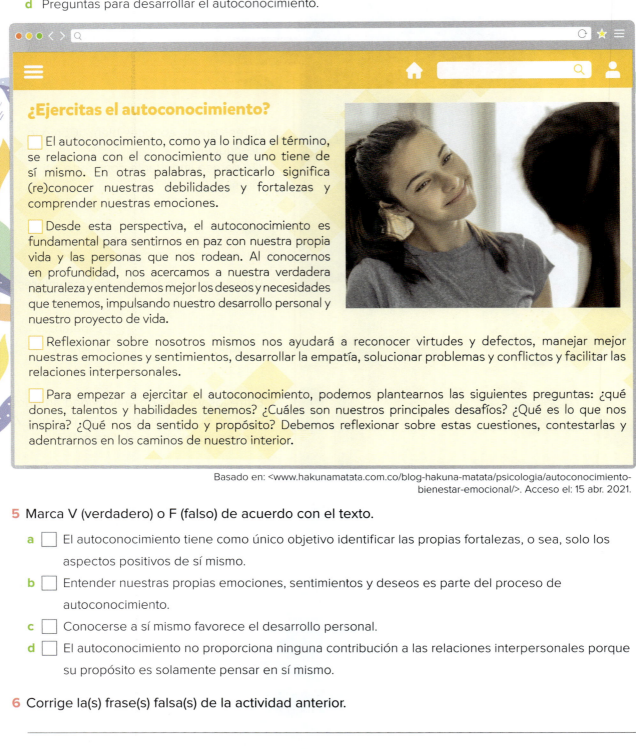

¿Ejercitas el autoconocimiento?

☐ El autoconocimiento, como ya lo indica el término, se relaciona con el conocimiento que uno tiene de sí mismo. En otras palabras, practicarlo significa (re)conocer nuestras debilidades y fortalezas y comprender nuestras emociones.

☐ Desde esta perspectiva, el autoconocimiento es fundamental para sentirnos en paz con nuestra propia vida y las personas que nos rodean. Al conocernos en profundidad, nos acercamos a nuestra verdadera naturaleza y entendemos mejor los deseos y necesidades que tenemos, impulsando nuestro desarrollo personal y nuestro proyecto de vida.

☐ Reflexionar sobre nosotros mismos nos ayudará a reconocer virtudes y defectos, manejar mejor nuestras emociones y sentimientos, desarrollar la empatía, solucionar problemas y conflictos y facilitar las relaciones interpersonales.

☐ Para empezar a ejercitar el autoconocimiento, podemos plantearnos las siguientes preguntas: ¿qué dones, talentos y habilidades tenemos? ¿Cuáles son nuestros principales desafíos? ¿Qué es lo que nos inspira? ¿Qué nos da sentido y propósito? Debemos reflexionar sobre estas cuestiones, contestarlas y adentrarnos en los caminos de nuestro interior.

Basado en: <www.hakunamatata.com.co/blog-hakuna-matata/psicologia/autoconocimiento-bienestar-emocional/>. Acceso el: 15 abr. 2021.

5 Marca V (verdadero) o F (falso) de acuerdo con el texto.
   a ☐ El autoconocimiento tiene como único objetivo identificar las propias fortalezas, o sea, solo los aspectos positivos de sí mismo.
   b ☐ Entender nuestras propias emociones, sentimientos y deseos es parte del proceso de autoconocimiento.
   c ☐ Conocerse a sí mismo favorece el desarrollo personal.
   d ☐ El autoconocimiento no proporciona ninguna contribución a las relaciones interpersonales porque su propósito es solamente pensar en sí mismo.

6 Corrige la(s) frase(s) falsa(s) de la actividad anterior.
   _____
   _____
   _____

7 Reconocer las fortalezas y debilidades impulsa el desarrollo personal. Reflexiona e identifica por lo menos tres fortalezas y tres debilidades tuyas.

Mis fortalezas son...
- ☐ comunicativo(a)
- ☐ conciliador(a)
- ☐ creativo(a)
- ☐ cuidadoso(a)
- ☐ determinado(a)
- ☐ discreto(a)
- ☐ extrovertido(a)
- ☐ generoso(a)
- ☐ honesto(a)
- ☐ leal
- ☐ minucioso(a)
- ☐ optimista
- ☐ ordenado(a)
- ☐ responsable
- ☐ sincero(a)
- ☐ _____

Mis debilidades son...
- ☐ antipático(a)
- ☐ celoso(a)
- ☐ desconfiado(a)
- ☐ desordenado(a)
- ☐ egoísta
- ☐ impaciente
- ☐ impulsivo(a)
- ☐ impuntual
- ☐ indeciso(a)
- ☐ inflexible
- ☐ inseguro(a)
- ☐ malhumorado(a)
- ☐ nervioso(a)
- ☐ perezoso(a)
- ☐ pesimista
- ☐ _____

8 Lee la siguiente frase y, entre todos, conversen sobre las preguntas a continuación.

> " Es mucho más difícil juzgarse a sí mismo que juzgar a los demás. Si logras juzgarte bien a ti mismo, eres un verdadero sabio. "

SAINT-EXUPÉRY, Antoine de. *El Principito*. Buenos Aires: Salamandra, 2009.

a ¿Están de acuerdo con la afirmación? ¿Por qué?

b En la actividad anterior, ¿les ha resultado más fácil identificar sus fortalezas o sus debilidades? ¿Por qué?

9 La frase de la actividad anterior es un fragmento de la obra *El Principito*, de Antoine de Saint-Exupéry, una de las historias más conocidas y traducidas en todo el mundo. Investiga cuándo fue publicada y cuáles son los temas y valores humanos que trata.

cincuenta y cinco

CAJÓN DE LETRAS

))) Comportamientos y valores

la amistad	la disciplina	la honestidad	la lealtad	la responsabilidad
el amor	la empatía	la humildad	la libertad	la sinceridad
la compasión	la esperanza	la inteligencia	la madurez	la solidaridad
el coraje	la gratitud	la justicia	el respeto	la tolerancia

1 Lee las siguientes definiciones e identifica a qué comportamientos o valores corresponden.

  a Reconocimiento de las propias debilidades, sin creerse superior a los demás: _____.

  b Virtud de actuar y hablar con la verdad, sin fingimientos ni segundas intenciones: _____.

  c Fuerza para afrontar un peligro o dificultad: _____.

  d Reconocimiento por un beneficio, gesto o favor recibido: _____.

2 Apunta los comportamientos o valores representados en la galería de imágenes.
_____
_____

3 🎧 22 Escucha los diálogos e indica los comportamientos o valores presentes en cada conversación.

  a _____
  b _____
  c _____
  d _____

Galería de imágenes
http://mod.lk/3va4_u5g

4 Reflexiona y apunta algunos comportamientos y valores:

  a que ya manifiestas.
  _____

  b que todavía debes desarrollar.
  _____

POR EL MUNDO 🎧 23

Una encuesta realizada por el Gobierno de Perú llegó a la conclusión de que la honestidad y el respeto son los principales valores que deberían poner en práctica los peruanos para ser mejores ciudadanos. Escucha la grabación y conoce los resultados de esa encuesta.

¡ACÉRCATE!

1 Observa la imagen y lee el diálogo.

> A veces me pongo nerviosa porque tengo miedo de equivocarme. Creo que soy muy exigente conmigo misma...

> Los errores forman parte de la vida, ¡**aprende** con ellos! **Recuerda** que nadie es perfecto y **sigue** adelante.

))) Imperativo afirmativo

Se utiliza para hacer pedidos y dar consejos, permisos, recomendaciones, instrucciones u órdenes.

Verbos regulares

Pronombres	Reflexionar	Aprender	Vivir
Tú/Vos	reflexion**a**/reflexion**á**	aprend**e**/aprend**é**	viv**e**/viv**í**
Usted	reflexion**e**	aprend**a**	viv**a**
Nosotros(as)	reflexion**emos**	aprend**amos**	viv**amos**
Vosotros(as)	reflexion**ad**	aprend**ed**	viv**id**
Ustedes	reflexion**en**	aprend**an**	viv**an**

El verbo en Imperativo se conjuga exclusivamente en los pronombres que corresponden a las personas con las que conversamos. Por ello, aquí no aparecen las formas "él", "ella", "ellos" y "ellas".

Verbos irregulares

Pronombres	Recordar	Pedir	Conocer	Ser	Tener	Ir
Tú/Vos	rec**ue**rda/record**á**	p**i**de/ped**í**	conoce/conocé	**sé**	**ten**/tené	**ve**/and**á**
Usted	rec**ue**rde	p**i**da	cono**z**ca	sea	ten**g**a	vaya
Nosotros(as)	recordemos	p**i**damos	cono**z**camos	seamos	ten**g**amos	vayamos
Vosotros(as)	recordad	pedid	conoced	sed	tened	id
Ustedes	rec**ue**rden	p**i**dan	cono**z**can	sean	ten**g**an	vayan

Pronombres	Hacer	Decir	Poner	Oír	Salir	Venir
Tú/Vos	**haz**/hac**é**	**di**/dec**í**	**pon**/pon**é**	**oye**/o**í**	**sal**/sal**í**	**ven**/ven**í**
Usted	ha**g**a	di**g**a	pon**g**a	oi**g**a	sal**g**a	ven**g**a
Nosotros(as)	ha**g**amos	di**g**amos	pon**g**amos	oi**g**amos	sal**g**amos	ven**g**amos
Vosotros(as)	haced	decid	poned	oíd	salid	venid
Ustedes	ha**g**an	di**g**an	pon**g**an	oi**g**an	sal**g**an	ven**g**an

En las regiones en las que se vosea, en lugar de la 2.ª persona del singular del verbo "ir", se utiliza el Imperativo del verbo "andar": "andá" (vos).

cincuenta y siete 57

2 Relaciona los valores con los respectivos consejos para ponerlos en práctica. Luego haz un círculo alrededor de los verbos en Imperativo afirmativo.

- **a** Gratitud.
- **b** Madurez.
- **c** Solidaridad.
- **d** Tolerancia.

☐ Ofrece tu tiempo en alguna acción de voluntariado.
☐ Haz una lista de las cosas por las cuales crees que debes dar gracias.
☐ Piensa que el otro, por más diferente que sea de ti, es un semejante.
☐ Empieza a asumir responsabilidades y entiende que todo lo que haces tiene consecuencias.

3 Completa los consejos conjugando los verbos en "tú" en Imperativo afirmativo.

| disfrutar | escribir | pedir | practicar | tener |

Consejos para desarrollar el autoconocimiento

1 _____ meditación para conectarte contigo mismo.

2 _____ paciencia con tus emociones.

3 _____ sobre lo que sientes.

4 _____ ayuda cuando la necesites.

5 _____ de nuevas experiencias.

4 Reescribe los consejos de la actividad anterior conjugando los verbos en "usted".

_____
_____
_____
_____
_____

5 🎧 Escucha las recomendaciones y apúntalas. Luego haz un círculo alrededor de los verbos en Imperativo afirmativo.

1.ª: _____
2.ª: _____
3.ª: _____

LENGUA EN USO

▷ **Hacer pedidos**
Ayúdame a trabajar mis debilidades.
Enséñame, por favor, a ser más ordenado y disciplinado.
Por favor, seamos más tolerantes unos con otros.

▷ **Dar consejos, permisos, instrucciones y órdenes**
Reflexiona un momento antes de tomar una decisión tan importante como esta.
—¿Podemos hablar un minuto?
—Sí, ¡claro! Pasa, siéntate aquí.
Pídele disculpas a tu compañero.
Esto no puede seguir así… ¡Conversen y solucionen este problema ya!

▷ **Reconocer comportamientos positivos y negativos**
Tu comportamiento me parece increíble/excelente/equilibrado/adecuado/inadecuado/exagerado/lamentable/horrible.
Lo que hice me pareció fantástico/genial/admirable/fatal/absurdo/grosero.

UNIDAD 5

1 🎧 025 Escucha la conversación entre tres amigos y apunta los pedidos que se hacen.

a De Ana a Daniel: _____

b De Daniel a Rafael: _____

c De Rafael a Ana: _____

2 Habla con un compañero y hazle dos pedidos para ayudarte a ser una persona mejor. Luego cambien los papeles.

3 🎧 026 Imagina que un compañero de clase te envió un mensaje de voz contándote un problema. Escúchalo y dale algunos consejos para ayudarlo.

_____
_____
_____

4 Observa las imágenes y reacciona frente a los comportamientos presentados.

a

b

c

d

Los comportamientos retratados en las situaciones "a" y "b" me parecen _____; y los de las situaciones "c" y "d" me parecen _____.

5 En parejas, miren otra vez la imagen "a" de la actividad anterior. Usando el Imperativo afirmativo:

a discutan qué orden les daría el director del colegio a los adolescentes acosadores.

b digan qué consejo le darían al adolescente que fue acosado.

cincuenta y nueve 59

¡ACÉRCATE!

1. Observa la imagen y lee el diálogo.

¿**Te** estás burlando de mí? Lo mío no es el silencio, **me** reconecto moviéndo**me**: bailando, haciendo deporte…

Leer, escribir y meditar **me** ayudan a conectar**me** conmigo misma. Inténta**lo**, i**te** va a gustar!

⟩⟩⟩ Repaso de las reglas de colocación de los pronombres reflexivos y los pronombres objeto directo e indirecto

Con el verbo	Colocación	Ejemplos
conjugado	antes del verbo	**Me** siento mucho mejor después de que desarrollé mi autoestima.
en infinitivo	después del verbo, formando una sola palabra (sin guion)	El autoconocimiento es fundamental para sentir**nos** en paz con nosotros mismos, con nuestra realidad.
en gerundio		Podemos mejorar la convivencia en nuestro día a día respetándo**nos** unos a otros.
conjugado + un verbo en infinitivo/ gerundio	antes del verbo conjugado o después del verbo en infinitivo/ gerundio, pero nunca entre ambos	Compré este libro sobre comportamiento y **lo** voy a leer este mes. = Compré este libro sobre comportamiento y voy a leer**lo** este mes. La terapia **me** está ayudando a trabajar mis debilidades. = La terapia está ayudándo**me** a trabajar mis debilidades.

⟩⟩⟩ Colocación de los pronombres con el verbo en Imperativo afirmativo

Con el verbo	Colocación	Ejemplos
conjugado en Imperativo afirmativo	después del verbo formando una sola palabra (sin guion)	Respetarse a sí mismo es tan importante como respetar a los demás. Respetémo**nos** todos para vivir mejor. Si quieres encontrar a una persona increíble, ¡mírа**te** al espejo! Eres único y especial.

60   sesenta

2 Subraya los elementos a los cuales hacen referencia los pronombres destacados.

   a   Esta película es interesantísima y trata del autoconocimiento. **La** vi el fin de semana.
   b   Estos comportamientos son abusivos. Denúncia**los**.
   c   Si le ofreces amor y cuidado a tu prójimo, también **los** recibirás.
   d   El respeto no solo se exige, sino también se da. Nuestro día a día nos ofrece muchas oportunidades de poner**lo** en práctica.
   e   Necesito ejercitar más la gratitud y la solidaridad. Este nuevo año **las** quiero desarrollar.

3 Lee otra vez las frases de la actividad anterior y explica la colocación de los pronombres.

   a   _____
   b   _____
   c   _____
   d   _____
   e   _____

4 ¿De qué otra forma podrías escribir la frase "e" de la actividad 2 respetando las reglas de colocación de los pronombres?

_____

5 Reescribe las frases usando el Imperativo afirmativo y un pronombre complemento a fin de transformar los comportamientos negativos en positivos.

Ejemplo: Estos bombones son tuyos, no los compartas con tus amigos. [compartir] → **Compártelos**.

a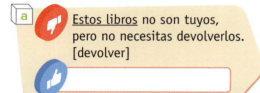
Estos libros no son tuyos, pero no necesitas devolverlos. [devolver]

b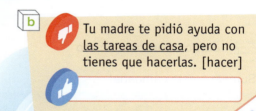
Tu madre te pidió ayuda con las tareas de casa, pero no tienes que hacerlas. [hacer]

c
Tu amigo te pidió que guardases un secreto, pero si no lo guardas, no se enterará. [guardar]

d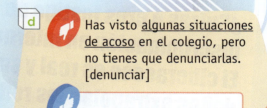
Has visto algunas situaciones de acoso en el colegio, pero no tienes que denunciarlas. [denunciar]

e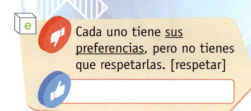
Cada uno tiene sus preferencias, pero no tienes que respetarlas. [respetar]

f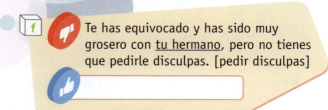
Te has equivocado y has sido muy grosero con tu hermano, pero no tienes que pedirle disculpas. [pedir disculpas]

CONTEXTOS

> **Género textual: campaña de publicidad**
> La campaña de publicidad es un género persuasivo que tiene como objetivo promover un producto, servicio o comportamiento. Puede presentarse en diferentes formatos: auditivo, audiovisual, verbovisual. Suele vehicularse en medios de gran circulación, como periódicos, revistas, radio, televisión, redes sociales y también en carteles en la calle y anuncios en medios de transporte. Como su propósito es despertar el interés del público, su mensaje es atractivo y conciso.

))) Prelectura

1 Conversa con un compañero y responde oralmente a las preguntas.

   a Piensa en los medios de comunicación que utilizas. ¿En cuál(es) sueles encontrar más campañas de publicidad?

   b En tu opinión, ¿qué tema actual debería ser tratado en una campaña publicitaria de concientización?

))) Lectura

2 Lee la campaña de publicidad y contesta: su objetivo, ¿es promover un producto, un servicio o un comportamiento?

))) Poslectura

3 Contesta las preguntas sobre la campaña de publicidad.

a ¿Cuál es su eslogan?
_____

b ¿Dónde fue vehiculada? ¿Y por qué se usó ese medio de comunicación?
_____
_____

4 ¿Por qué los siguientes elementos fueron utilizados en la campaña? Conversa con tus compañeros.

a Imagen del dedo pulgar hacia abajo.
b *Hashtags*.
c Verbo "bloquear".

5 ¿Qué otro *hashtag* añadirías a esa campaña? Escríbelo usando el Imperativo afirmativo.
_____

6 Investiga en internet:

a la definición de ciberacoso.
_____

b el eslogan de otra campaña contra el ciberacoso.
_____

7 Conversa con un compañero: ¿ya has sido víctima o testigo de un ciberacoso? ¿Cómo podemos actuar frente a esa situación?

))) Plan del texto

▫ En grupos, elaboren una campaña publicitaria sobre el ciberacoso en formato audiovisual. Determinen cómo será la participación de cada miembro.
▫ Busquen ejemplos de otras campañas audiovisuales sobre el tema para inspirar su producción.
▫ Organicen las ideas y apunten los argumentos que quieren presentar en la campaña. Determinen también un eslogan.
▫ Para hacerla atractiva, escriban un texto claro y conciso y piensen en los elementos visuales y sonoros que pueden usar.

))) Producción y divulgación

▫ Practiquen algunas veces antes de hacer la grabación.
▫ Después de grabar el video, observen la calidad de la imagen y del sonido. También pueden usar un programa para editarlo.
▫ Publiquen la versión final en una página web y compártanla en la Plataforma Ventana (<www.ventanaalespanol.com.br>) con la etiqueta "campaña de publicidad".

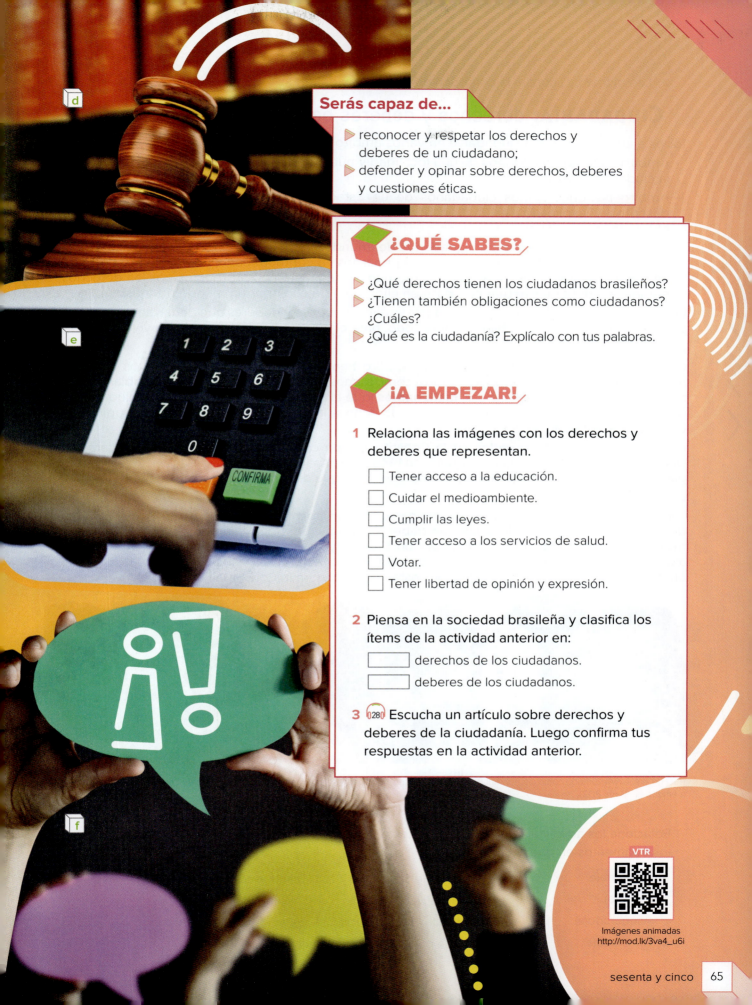

Serás capaz de...

▷ reconocer y respetar los derechos y deberes de un ciudadano;
▷ defender y opinar sobre derechos, deberes y cuestiones éticas.

¿QUÉ SABES?

▷ ¿Qué derechos tienen los ciudadanos brasileños?
▷ ¿Tienen también obligaciones como ciudadanos? ¿Cuáles?
▷ ¿Qué es la ciudadanía? Explícalo con tus palabras.

¡A EMPEZAR!

1 Relaciona las imágenes con los derechos y deberes que representan.

☐ Tener acceso a la educación.
☐ Cuidar el medioambiente.
☐ Cumplir las leyes.
☐ Tener acceso a los servicios de salud.
☐ Votar.
☐ Tener libertad de opinión y expresión.

2 Piensa en la sociedad brasileña y clasifica los ítems de la actividad anterior en:

☐ derechos de los ciudadanos.
☐ deberes de los ciudadanos.

3 🎧 028 Escucha un artículo sobre derechos y deberes de la ciudadanía. Luego confirma tus respuestas en la actividad anterior.

Imágenes animadas
http://mod.lk/3va4_u6i

sesenta y cinco 65

4 🎧 Lee el texto y subraya la definición de derechos y deberes.

CIUDADANÍA: derechos y deberes para una vida en sociedad

Todos ejercemos nuestra ciudadanía en varios ámbitos.
- Ámbito local: somos vecinos de una localidad y nuestras acciones impactan en el barrio y en la ciudad donde vivimos.
- Ámbito nacional: somos ciudadanos de un Estado. Nuestros derechos y deberes están descritos y explicados en la Constitución del país. Estamos protegidos por las leyes y obligados a cumplirlas.
- Ámbito global: todos somos ciudadanos del mundo. Debemos valorar nuestras raíces, pero también estar abiertos a otras culturas y ponernos en contacto con ellas, formando parte de un cuerpo mayor al que se conoce como humanidad. Estamos protegidos por los derechos humanos y debemos actuar con base en ellos, a fin de construir un mundo más justo.

En cada uno de esos ámbitos, la ciudadanía implica derechos y deberes que deben ser cumplidos por los ciudadanos para su bien y, sobre todo, para el bien de la sociedad en que viven.

Los derechos

Cada persona tiene características propias, pero tiene los mismos derechos que los demás y merece que estos se respeten. No importa cómo somos, de dónde venimos o cómo hablamos, los derechos son condiciones básicas, **inalienables**, que el Estado debe garantizar a los ciudadanos para que tengan una vida **digna**, como el derecho a la educación, a la libertad de opinión y expresión, a la salud y al voto.

Los derechos están **asegurados** en la Constitución de cada país y también en la Declaración Universal de Derechos Humanos, firmada en 1948 por la Asamblea General de las Naciones Unidas, que estableció los derechos humanos fundamentales que deben protegerse en el mundo entero.

Los deberes

Tener deberes significa que tenemos obligaciones con nosotros mismos y, en especial, con los demás. Son las responsabilidades que debemos asumir para que haya una convivencia social más justa y **armónica**, como cumplir la Constitución y las leyes, y cuidar el medioambiente. En algunos países, como Brasil, donde el voto es obligatorio, votar no es solo un derecho, sino también un deber. Los deberes de los ciudadanos están recogidos en la Constitución y demás leyes.

Basado en: <www.youtube.com/watch?v=8pL8YkRh74s> y <https://fundacionmohme.org/especiales/ciudadania-activa/lamina-1-12/>. Acceso a ambos el: 18 en. 2021.

5 Relaciona los adjetivos destacados en el texto con su definición. Si tienes dudas, vuelve a leer los fragmentos en que se los emplea.

- a Inalienable.
- b Digno(a).
- c Asegurado(a).
- d Armónico(a).

☐ Que mantiene una buena y equilibrada relación.
☐ Que tiene su cumplimiento o realización garantizados.
☐ Que permite mantener el debido respeto como persona.
☐ Que no se puede restringir ni transferir.

6 Contesta las preguntas según el texto.

a ¿Cuáles son los tres ámbitos en que se ejerce la ciudadanía?
_____

b ¿Dónde están descritos los derechos y deberes nacionales de los ciudadanos?
_____

c ¿Cuándo y por quién fue firmada la Declaración Universal de Derechos Humanos?
_____

7 Relaciona los derechos que cita el texto con los siguientes fragmentos de la Declaración Universal de Derechos Humanos.

a Derecho a la educación.
b Derecho a la libertad de opinión y expresión.
c Derecho a la salud.
d Derecho al voto.

☐ Artículo 19: "[...] este derecho incluye [...] no ser molestado a causa de sus opiniones, [...] recibir informaciones y opiniones, [...] difundirlas, sin limitación de fronteras, por cualquier medio de expresión".

☐ Artículo 21: "toda persona tiene derecho a participar en el gobierno de su país, directamente o por medio de representantes libremente escogidos [...] mediante elecciones auténticas que habrán de celebrarse periódicamente".

☐ Artículo 25: "[...] toda persona tiene derecho a un nivel de vida adecuado que le asegure, así como a su familia, [...] asistencia médica [...]; derecho a los seguros en caso de [...] enfermedad".

☐ Artículo 26: "[...] la instrucción elemental será obligatoria. La instrucción técnica y profesional habrá de ser generalizada; el acceso a los estudios superiores será igual para todos, en función de los méritos respectivos".

Disponible en: <https://dudh.es/>. Acceso el: 18 en. 2021.

8 ¿De qué manera el no cumplimiento de los deberes citados en el texto impacta a toda la sociedad? Discute con tus compañeros y apunta las conclusiones.
_____
_____

9 Investiga y contesta las preguntas sobre el voto en Brasil.

a ¿En qué año fue instituido el voto secreto? _____

b ¿En qué año se incorporó a la Constitución el voto femenino? _____

c ¿Qué ciudadanos no están obligados a votar?
_____

POR EL MUNDO

En algunos países, el voto se considera no solo un derecho, sino también un deber ciudadano, descrito en la Constitución y las leyes electorales. Para saber más sobre el voto en algunos países de América del Sur, escucha la grabación.

CAJÓN DE LETRAS

))) Ciudadanía

los ciudadanos
la Constitución
la democracia
los derechos humanos
los derechos y deberes
el Estado
la ética
las leyes
los poderes políticos

))) Derechos

a la alimentación
a la educación
a la igualdad
a la información
a la justicia
a la libertad
a la libertad de opinión y expresión
al ocio
a la salud
a la seguridad
al trabajo
a la vida
a la vivienda
al voto

))) Deberes

colaborar con las autoridades
cuidar el medioambiente
cumplir la Constitución y las leyes
defender y difundir los derechos humanos
pagar los impuestos
proteger el patrimonio público
respetar a todas las personas y sus derechos
respetar la libertad de opinión y expresión
votar con conciencia

1 Relaciona las palabras del recuadro con su respectiva definición.

Constitución   democracia   derechos humanos   ética

a   Conjunto de reglas morales que determinan cómo deben actuar los ciudadanos: _____.

b   Ley fundamental y suprema de un Estado en la cual se establecen los derechos y obligaciones de los ciudadanos y gobernantes: _____.

c   Forma de gobierno en la que el poder reside en el pueblo: _____.

d   Conjunto de garantías que todo ser humano debe tener para una vida digna: _____.

2 030 Escucha el anuncio radiofónico y haz las actividades a continuación.

a   Completa con los derechos que se mencionan en el anuncio.

> Tengo derecho a la _____, la _____ y la _____.

b   Numera las posibles causas de discriminación, según el orden en que se mencionan.
☐ Color de piel.   ☐ Idioma.   ☐ Origen.

c   ¿Qué deber infringen quienes discriminan por esos motivos?
_____

d   ¿A qué documento hace referencia el anuncio?
_____

3 Observa la galería de imágenes y apunta los derechos y deberes que no se están cumpliendo.

_____

Galería de imágenes
http://mod.lk/3va4_u6g

68   sesenta y ocho

1 Observa el cartel y lee lo que dice.

))) Imperativo negativo

Verbos regulares
El Imperativo negativo expresa órdenes, pedidos, consejos, instrucciones y prohibiciones.

Pronombres	Conversar	Vender	Insistir
Tú/Vos	no converses	no vendas	no insistas
Usted	no converse	no venda	no insista
Nosotros(as)	no conversemos	no vendamos	no insistamos
Vosotros(as)	no converséis	no vendáis	no insistáis
Ustedes	no conversen	no vendan	no insistan

En Imperativo negativo, todas las formas se toman del Presente de Subjuntivo, antecedidas por adverbios o conjunciones de negación ("no", "nunca", "jamás", "tampoco", "ni").

Verbos irregulares
Si el verbo es irregular en Presente de Subjuntivo, también lo será en Imperativo negativo.

Pronombres		Ser	Encender	Volver	Hacer	Tener	Decir	Ir
Tú/Vos		seas	enciendas	vuelvas	hagas	tengas	digas	vayas
Usted		sea	encienda	vuelva	haga	tenga	diga	vaya
Nosotros(as)	no	seamos	encendamos	volvamos	hagamos	tengamos	digamos	vayamos
Vosotros(as)		seáis	encendáis	volváis	hagáis	tengáis	digáis	vayáis
Ustedes		sean	enciendan	vuelvan	hagan	tengan	digan	vayan

sesenta y nueve 69

2 Observa las tablas del Imperativo negativo y relaciona las informaciones.

a Los verbos terminados en "-ar"
b Los verbos terminados en "-er"
c Los verbos terminados en "-ir"

☐ se conjugan con: "-as" (tú/vos), "-a" (usted), "-amos" (nosotros), "-áis" (vosotros), "-an" (ustedes).
☐ se conjugan con: "-es" (tú/vos), "-e" (usted), "-emos" (nosotros), "-éis" (vosotros), "-en" (ustedes).

3 Todos los ciudadanos deben cumplir las leyes y normas para una buena convivencia. Observa las señales y escribe frases en Imperativo negativo que expresen la correspondiente prohibición.

Ejemplo: Prohibido tirar objetos al suelo. [tú]
No tires objetos al suelo.

a Prohibido tomar fotos y hacer videos. [tú]
_____

b Prohibido comer y beber en esta área. [usted]
_____

c Prohibido correr. [ustedes]
_____

d Prohibido ir en bici. [usted]
_____

e Prohibido usar móvil en esta área. [vosotros]
_____

4 ¿Dónde podrías encontrar las señales de prohibición de la actividad anterior? Conversa con un compañero y apunta las conclusiones.

_____
_____

LENGUA EN USO

> **Defender y opinar sobre derechos, deberes y cuestiones éticas**
> Defiendo que… / En mi opinión… / A mi modo de ver… / Para mí…
> Pienso que… / (No) Creo que… / (No) Considero que…
> Me parece (totalmente) correcto/incorrecto/absurdo/normal/aceptable/inaceptable porque…

1. Escucha un diálogo y, en grupos, discutan: frente a esa situación, ¿dejarían de comprar ropa de esa marca, aunque fuese más barata y les gustasen las prendas que fabrica?

2. Lee la siguiente cita y opina sobre el tema con tus compañeros. Da ejemplos que fundamenten tu respuesta.

¡ACÉRCATE!

1 Observa el cartel y lee lo que dice.

2 ¿A qué se refiere el pronombre "lo" en "no lo creas ni lo aceptes"?

_____

3 Y el pronombre "los" en "hazlos realidad", ¿a qué se refiere?

_____

))) Colocación de los pronombres en el Imperativo afirmativo y el Imperativo negativo

Con el verbo conjugado en	Colocación	Ejemplos
Imperativo afirmativo	después del verbo, formando una sola palabra	El ODS 2 trata del derecho a la alimentación. Si no vas a consumir algún alimento antes de que se estropee, **congéla lo**. Ordena tu despensa, llena una caja con alimentos no perecederos y **dóna la** a un banco de alimentos.
Imperativo negativo	antes del verbo	El ODS 6 trata de la importancia del agua potable y del saneamiento. Según las Naciones Unidas, la escasez de agua afecta a más del 40 % de la población mundial y esta cifra puede aumentar. ¡**No lo permitamos**! El agua es un bien esencial para todos, ¡**no la malgastemos**!

A diferencia del portugués, los pronombres se unen al verbo en Imperativo afirmativo formando una única palabra, sin guion. Ejemplos: congéla**lo**, dóna**la**.
Recuerda que, si la palabra formada es esdrújula o sobresdrújula, debe llevar tilde.

72 setenta y dos

4 Para conocer algunas de las acciones que puedes realizar para ayudar a cumplir los Objetivos de Desarrollo Sostenible, conjuga los verbos en Imperativo afirmativo y sustituye los complementos por los pronombres correctos.

   a   Si tienes libros que ya no utilizas, _____ a bibliotecas o escuelas públicas. [donar]

   b   Si eres testigo de algún tipo de violencia, _____. [denunciar]

   c   Si en tu cumpleaños te dan muchos regalos, _____ por donaciones a una institución benéfica el próximo año. [cambiar]

   d   Si eres mujer, sé consciente de tus derechos y _____. Si eres hombre, mantén con las mujeres relaciones respetuosas y _____ en sus proyectos personales y profesionales. [defender / apoyar]

5 Relaciona las acciones de la actividad anterior con los Objetivos de Desarrollo Sostenible a que se refieren.

   ☐ ODS 1: Fin de la pobreza.
   ☐ ODS 4: Educación de calidad.
   ☐ ODS 5: Igualdad de género.
   ☐ ODS 16: Paz, justicia e instituciones sólidas.

6 Escucha cuatro campañas de concientización sobre los Objetivos de Desarrollo Sostenible de la actividad anterior. Luego relaciónalas con los siguientes eslóganes.

   ☐ ¡No la dejemos pasar!   ☐ ¡No los privemos de ese derecho!
   ☐ ¡No las dejemos atrás!   ☐ Ni más ni menos, ¡no lo olvidemos!

7 ¿Por qué en los eslóganes de la actividad anterior los pronombres van antes de los verbos?
_____

»)) Repaso de las demás reglas de colocación de los pronombres

8 Lee las frases y úsalas para completar los ejemplos de la tabla. Luego haz un círculo alrededor de las informaciones correctas en la segunda columna de la tabla.

   a   **Respetándonos** unos a los otros, vivimos mejor.
   b   Todo ciudadano debe defender los derechos humanos y **difundirlos**.
   c   Todos tenemos derechos y **los debemos respetar**. También tenemos obligaciones y **debemos cumplirlas**.
   d   Trata a los demás como quieres que **te** traten.

Con el verbo	Colocación	Ejemplos
conjugado (excepto en Imperativo afirmativo)	**antes / después** del verbo	Frase _____
en infinitivo	**antes / después** del verbo	Frase _____
en gerundio	**antes / después** del verbo	Frase _____
conjugado + un verbo en infinitivo/gerundio	**antes / después** del verbo conjugado o **antes / después** del verbo en infinitivo/gerundio, pero nunca entre ambos	Frase _____

setenta y tres 73

CONTEXTOS

> ⚠ **Género textual: foro de discusión**
> El foro de discusión es un espacio en línea en el que diferentes participantes intercambian sus ideas sobre un tema de interés común.

))) Prelectura

1 Conversa con tus compañeros y responde oralmente a las siguientes preguntas.

   a ¿Has participado o te gustaría participar en un foro de discusión? ¿Por qué?

   b ¿Qué temas elegirías para discutir con otras personas?

))) Lectura

2 🎧 033 Lee los mensajes intercambiados en un foro e identifica el tema de la discusión.

Foro

Obligatoriedad de la vacunación

Andrés L. (miembro): ¿Qué opinan sobre la propuesta del gobierno de tornar obligatoria la vacunación? A mí me parece arbitraria, pues si puedo decidir si tomo o no un medicamento, ¿por qué no puedo elegir si quiero o no vacunarme?

Carla S. (miembro): Estoy de acuerdo. Creo que esa propuesta viola nuestro derecho a la libertad. Pienso que si tenemos ese derecho, podemos decidir si nos vacunamos o no. Además, muchas enfermedades prevenidas por vacunación ya están prácticamente erradicadas.

Diego P. (miembro): Es precisamente gracias a la vacunación que la mayoría de las enfermedades que se previenen con vacunas prácticamente han desaparecido. Pero debemos tener conciencia de que si no mantenemos la vacunación, pueden resurgir.
Es cierto que todas las personas tienen derecho a la libertad de decisión, pero, en ocasiones excepcionales, como el brote de una enfermedad contagiosa que puede afectar a toda la comunidad, se puede restringir esa libertad individual a fin de preservar el derecho de todos a la salud y la vida. Estos son derechos fundamentales.

Amarilis F. (miembro): Nuestra libertad individual no está por encima de todo. Los gobiernos pueden imponer ciertas medidas para proteger la salud pública y a las personas que están en mayor riesgo. Recordemos que hay personas que no pueden vacunarse. Y cuando nos vacunamos, nos protegemos a nosotros mismos, pero también a quien no puede hacerlo. Como ciudadanos no debemos pensar en nuestro bienestar individual, sino en el colectivo.

⚠ Este mensaje fue eliminado por el moderador porque infringe nuestras normas comunitarias con contenido que incita al odio. ⚠

74 setenta y cuatro

»Poslectura

3 Relaciona las palabras y expresiones con sus sinónimos.

- **a** Arbitrario.
- **b** Violar.
- **c** Erradicado.
- **d** Estar por encima.
- **e** Incitar.

☐ Provocar, estimular, impulsar.
☐ Autoritario, injusto, abusivo.
☐ Desobedecer, infringir, incumplir.
☐ Prevalecer, predominar.
☐ Eliminado, suprimido, exterminado.

4 Contesta las preguntas de acuerdo con los mensajes del foro.

a ¿En qué derecho se basa el argumento de los miembros que están en contra de la vacunación obligatoria? ¿Su perspectiva es individual o colectiva?
_____
_____

b ¿En qué derechos se fundamenta el argumento de los miembros que defienden la obligatoriedad de la vacunación? Para estos, ¿qué está por encima: el bienestar individual o el colectivo?
_____
_____

5 Marca V (verdadero) o F (falso), según el texto.

- **a** ☐ Los foros se inician con una pregunta que introduce el tema.
- **b** ☐ Los foros no suelen tener normas.
- **c** ☐ Los miembros tienen libertad para expresarse, siempre que no infrinjan las normas del foro.
- **d** ☐ El moderador puede eliminar mensajes inadecuados.

»Plan del texto 🌐

▫ Vas a participar en un foro de discusión con el tema y las normas determinados por el profesor.
▫ Investiga sobre el tema planteado: lee lo que dicen expertos y autoridades en el asunto.

»Producción y divulgación 🌐

▫ En el día y la plataforma definidos por el profesor, presenta tus argumentos sobre el tema, sin violar los derechos humanos.
▫ El profesor hará el registro de la discusión en el foro y lo compartirá en la Plataforma Ventana (<www.ventanaalespanol.com.br>) con la etiqueta "foro de discusión".

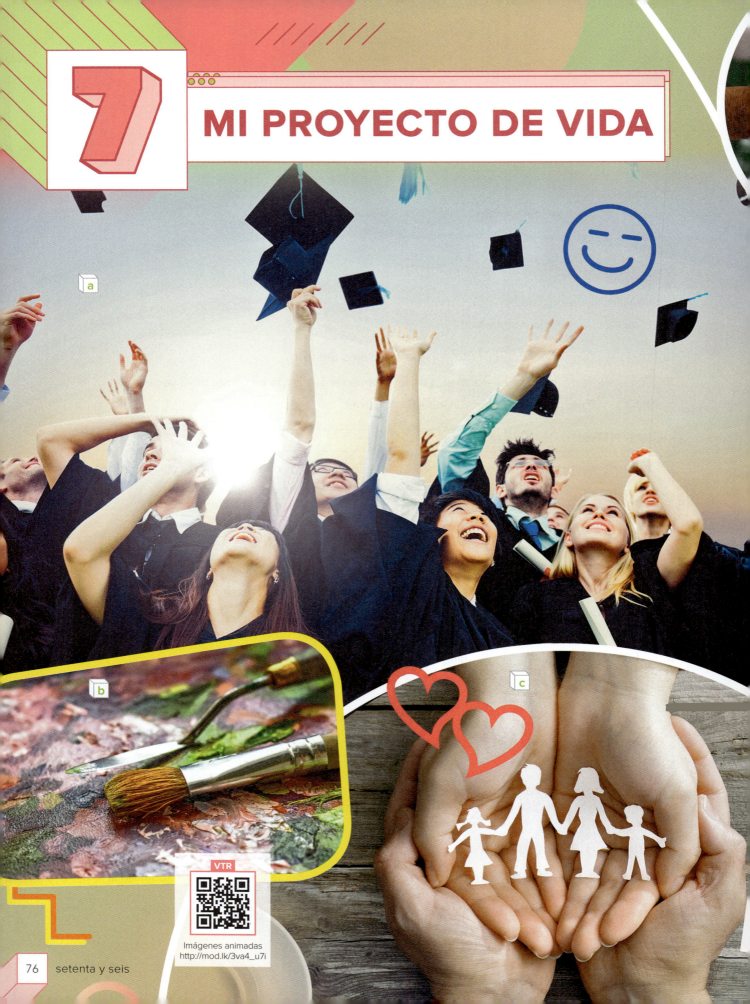

7 MI PROYECTO DE VIDA

Serás capaz de...

▷ hablar de tus proyectos personales, sociales y profesionales;
▷ hacer dos referencias al mismo tiempo dentro de un contexto.

¿QUÉ SABES?

▷ ¿Ya has pensado qué profesión quieres tener cuando seas adulto(a)? ¿Qué tendrás en cuenta a la hora de elegirla?
▷ Y en cuanto a tu vida personal, ¿qué esperas del futuro?
▷ ¿Tienes planes de realizar algún tipo de trabajo voluntario? ¿Por qué?

¡A EMPEZAR!

1 Relaciona las imágenes con los planes futuros que representan.

☐ Aprender a pintar. / Ser artista plástico.
☐ Contribuir a la preservación ambiental.
☐ Graduarse en una universidad.
☐ Viajar por el mundo y conocer otras culturas.
☐ Formar una familia.
☐ Realizar trabajo voluntario en el área social.

2 🎧 034 Escucha un artículo que explica en qué consiste un proyecto de vida. Luego señala la(s) alternativa(s) correcta(s).

a ☐ El proyecto de vida solo empieza en la fase adulta.
b ☐ Las cosas que nos gustan pueden ayudarnos a trazar planes para el futuro.
c ☐ Lo más importante en un proyecto de vida es seguir lo que dicen los familiares y amigos.
d ☐ El proyecto de vida abarca diferentes ámbitos de la vida, no solo el profesional.

setenta y siete 77

3 Lee el texto y contesta: ¿ya habías pensado en hacer un proyecto de vida? ¿Cómo sería?

¿QUÉ ES UN PROYECTO DE VIDA?

Es común que, desde niños, imaginemos cómo será nuestra vida adulta: qué queremos estudiar, en qué trabajaremos, si vamos a formar una familia, qué lugares del mundo nos gustaría conocer, entre otros planes y sueños. En la adolescencia, empezamos a dar forma a esos sueños a medida que tomamos conciencia de nuestros gustos y habilidades. En estas etapas, empieza a nacer nuestro proyecto de vida.

Si te gusta dibujar y se te dan bien las clases de Arte, es comprensible que te imagines en una profesión en la que puedas desarrollar ese talento, como dibujante de cómics o ilustrador de libros. Puede que tengas inclinación por las Matemáticas, la escritura y la lectura, los deportes, las Ciencias... Es común que, al imaginar la vida adulta, nos veamos siguiendo una carrera relacionada con las aficiones que tenemos en la infancia y en la adolescencia. La opinión de los familiares y amigos puede ayudar, pero lo más importante es conocerse bien y saber qué esperamos del futuro.

Para alcanzar los objetivos definidos en el proyecto de vida, debemos planificar también los pasos necesarios para llevarlo a cabo. Si uno quiere convertirse en un atleta profesional y llegar a los Juegos Olímpicos, ¿qué camino debe seguir? ¿Dónde y cómo puede empezar? ¿Cuánto tiene que esforzarse? ¿Quiénes pueden ayudarlo en esa trayectoria? ¿Qué es posible hacer desde ahora para empezar a prepararse?

Crear un proyecto de vida consiste en pensar y planear qué queremos hacer a lo largo de diferentes etapas de la vida, pero no solo en las áreas académica y profesional, sino también en la personal, familiar, social, artística, etc. ¿Qué crees que te hará feliz? ¿Viajar? ¿Tener hijos? ¿Ayudar a otras personas? ¿Aprender cosas nuevas? ¿Hacer más de una de esas cosas? Y no se trata solo de imaginar, sino de elaborar un verdadero proyecto a medida que contestamos estas preguntas.

Los objetivos que trazamos se basan en aptitudes, preferencias y valores, por lo que el autoconocimiento es muy importante. Sin embargo, esos objetivos pueden y deben adaptarse de acuerdo con los resultados obtenidos, los nuevos gustos adquiridos, las necesidades e imprevistos que vayan surgiendo con los años. No hay ningún problema en establecer nuevas metas y ajustar las que ya teníamos.

4 Encuentra en el texto las palabras que corresponden a las siguientes definiciones.

a Conocimiento de sí mismo y de las propias cualidades, inclinaciones y valores: _____.

b Capacidad de realizar una actividad con eficiencia: _____.

c Interés o gusto que se siente por algo: _____.

d Algo no esperado o no planeado: _____.

e Finalidad, propósito: _____.

f Camino que sigue alguien a lo largo del tiempo: _____.

78 setenta y ocho

5 Contesta las preguntas de acuerdo con el texto.

  a ¿Cuándo y cómo suele surgir un proyecto de vida?
  _____
  _____

  b ¿Cuáles son tus aficiones? Y en el colegio, ¿qué asignatura(s) te gusta(n) más?
  _____

  c ¿Te imaginas en alguna profesión relacionada con las aficiones y asignatura(s) que acabas de apuntar? Fundamenta tu respuesta.
  _____

  d Además de los objetivos, ¿qué hay que planificar en un proyecto de vida? ¿Ya habías pensado al respecto? Explica qué pensaste.
  _____

  e ¿Qué podemos hacer en lo que respecta al proyecto de vida si surgen imprevistos o nuevos intereses?
  _____
  _____

6 Observa las imágenes y fíjate en los intereses y aptitudes de estos niños. ¿Qué crees que puede formar parte de su proyecto de vida?

7 En grupos, respondan oralmente a estas preguntas: ¿cuáles creen que son sus habilidades? ¿Quieren seguir alguna carrera relacionada con esas aptitudes? ¿Qué piensan hacer para concretar sus planes profesionales?

8 Cuando haces voluntariado, además de ayudar a tu comunidad, también pones en práctica tus conocimientos y aptitudes y descubres nuevos talentos que tienes y desconocías. ¿Ya has pensado en ser voluntario? Investiga algunas áreas de voluntariado y apunta la que tiene que ver más con tus intereses y habilidades.

setenta y nueve

CAJÓN DE LETRAS

⟫⟫⟫ Proyectos personales, sociales y profesionales

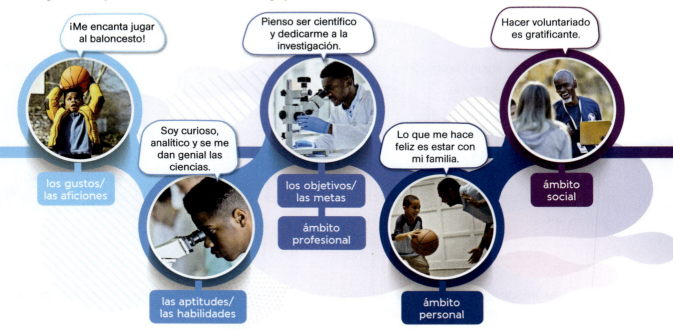

⟫⟫⟫ El proyecto de vida

el autoconocimiento	los pasos necesarios
el esfuerzo	los planes
las etapas de la vida	las preferencias
el futuro	los sueños
los imprevistos	la trayectoria
las necesidades	los valores

⟫⟫⟫ Objetivos y metas

estudiar una carrera
formar una familia
ser voluntario(a)
tener una profesión
viajar el mundo

1 Relaciona los planes de vida con las imágenes de la galería que, respectivamente, los representan.

☐ Quiere tener su propio negocio.
☐ Tiene la intención de hacer voluntariado en el área de la salud.
☐ Desea hacer un intercambio y conocer otras culturas.
☐ Sueñan con formar una familia.
☐ Quiere aprender a tocar un instrumento.
☐ Desean estudiar una carrera universitaria.

Galería de imágenes
http://mod.lk/3va4_u7g

2 🎧 035 Escucha a una adolescente que habla de su proyecto de vida. Luego marca V (verdadero) o F (falso).

a ☐ Lorena tiene un canal en internet en el que habla de su proyecto de vida.
b ☐ En este video Lorena habla de sus aficiones, aptitudes y planes en el ámbito profesional.
c ☐ Aunque le gusta escribir, aún no se siente segura para publicar sus textos en internet.

80 ochenta

¡ACÉRCATE!

1 Observa la imagen y lee el diálogo.

> ¿Así que tenemos que empezar a elaborar un proyecto de vida?

> Sí, **nos lo** han pedido los profesores.

》》Pronombre objeto indirecto + pronombre objeto directo

En el diálogo anterior el verbo "pedir" tiene dos complementos: pedir algo a alguien. El pronombre "nos" hace referencia al objeto indirecto, o sea, a quien se pide algo = "a nosotros"; mientras que el pronombre "lo", el objeto directo, se refiere a lo que se pide = "empezar a elaborar un proyecto de vida". Observa otros ejemplos:

Martín escribió o unos planes para su proyecto de vida. **Le** pedí que **me los** muestre mañana.
("**Le** pedí" = a Martín; "que **me los** muestre" = a mí / los planes)

La profesora **nos** preguntó cuáles son nuestras metas para el futuro. Como **las** tenía escritas, **se las** leí a mis compañeros.
("La profesora **nos** preguntó" = a nosotros; "Como **las** tenía escritas" = las metas; "**se las** leí" = a mis compañeros / las metas)

Pronombres	Pronombres objeto indirecto	Pronombres objeto directo
Yo	me	me
Tú/Vos	te	te
Él/Ella/Usted	le (se)	lo/la
Nosotros(as)	nos	nos
Vosotros(as)	os	os
Ellos(as)/Ustedes	les (se)	los/las

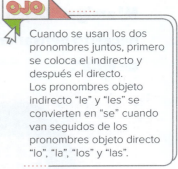

OJO
Cuando se usan los dos pronombres juntos, primero se coloca el indirecto y después el directo.
Los pronombres objeto indirecto "le" y "les" se convierten en "se" cuando van seguidos de los pronombres objeto directo "lo", "la", "los" y "las".

2 Haz un círculo alrededor de los pronombres objeto que completan correctamente las frases.

   a Chicos, si ya saben cuáles son sus objetivos, **les** / **los** / **se** sugiero que empiecen a pensar en los pasos que deben seguir para alcanzar**los** / **les** / **os**.

   b Mi hermano se siente más feliz desde que empezó el voluntariado. **Me** / **Le** / **Lo** aconsejó que **la** / **le** / **lo** considerase en mi proyecto de vida.

   c Queríamos saber cómo se siente uno al participar en proyectos sociales. **Se la** / **Se lo** / **Nos lo** preguntamos a la conferencista y ella **os** / **nos** / **les** dijo que se siente útil y complacida.

ochenta y uno 81

3 Relaciona las frases con los pronombres objeto que reemplazan los elementos entre corchetes.

    a Quiero que escriban sus planes futuros y [a mí] [sus planes futuros] traigan la próxima clase.
    b Conozco buenas páginas en internet sobre proyecto de vida. Voy a enviar [a ti] [las páginas en internet sobre proyecto de vida].
    c Mi madre aún no sabe qué planes tengo para el futuro. [A ella] [mis planes para el futuro] contaré pronto.
    d Gabriel me dio unas sugerencias para empezar a hacer el proyecto de vida. Le pediré que [a ustedes] [sus sugerencias para empezar a hacer el proyecto de vida] cuente.

    ☐ telas   ☐ se los   ☐ se las   ☐ me los

4 Completa las respuestas con los pronombres objeto adecuados.

    a —¿Dónde viste la serie de reportajes sobre proyecto de vida?
    —_____ vi en un canal educativo en línea.
    b —¿Por qué no me has dicho nada cuando te pregunté qué carrera debería elegir?
    —No te he dicho nada porque creo que debes elegir _____ solo.
    c —¿Has contado a tus padres que tienes la intención de hacer un intercambio antes de ingresar en la universidad?
    —Sí, ya _____ _____ he contado.
    d —¿Cuándo me ayudarás a hacer mi proyecto de vida?
    —Cuando termine el mío, _____ _____ mostraré para que veas cómo puedes hacer el tuyo.
    e —¿Por qué el orientador vocacional nos enseñó esta noticia?
    —_____ _____ enseñó porque trata sobre las carreras que han abierto más vacantes en los últimos años.

5 Lee el meme y complétalo con los pronombres objeto que correspondan.

Mi amiga: "Déjen_____, no necesito pensar en un proyecto de vida".

Yo: esperando el momento de decir _____ "_____ avisé"...

82 ochenta y dos

LENGUA EN USO

> **Hacer dos referencias al mismo tiempo dentro de un contexto**
> Pienso que es bueno incluir el voluntariado en el proyecto de vida. Se lo recomendaré a mis alumnos.
> He tomado algunas decisiones sobre mi futuro. Puedo contártelas mientras almorzamos.
> Esa orientadora es muy buena y me está ayudando a hacer mis planes profesionales. Me la ha recomendado un compañero del colegio.

1 036 Escucha y completa la continuación de cada frase con los pronombres objeto correctos.

a _____ _____ había sugerido la profesora de Historia.

b Los dos _____ interesan mucho, ¡hacer_____ será genial! Voy a apuntarme.

c Le dije que _____ _____ pediré a mi tía, que es orientadora vocacional.

d _____ _____ recomiendo como una experiencia única de aprendizaje.

e ¿Quieres que _____ _____ enseñe?

f _____ _____ entregará la psicóloga del colegio y estará a su disposición para ayudar_____.

2 Relaciona las imágenes con los diálogos y complétalos con los pronombres objeto que correspondan.

☐ —¿Adónde van estas cajas de donaciones?
  —_____ _____ enviaremos a las familias que fueron desalojadas a causa de las inundaciones.

☐ —Estudiar en el extranjero es una experiencia extraordinaria. Cuántas veces _____ _____ había dicho, ¿verdad?
  —Tienes razón. _____ _____ habías dicho varias veces, pero solo ahora he tenido esta oportunidad.

☐ —Esta guía de carreras es muy buena.
  —Sí, es excelente. Si quieres, _____ _____ presto y _____ lees el fin de semana.

☐ —Miren las fotos de Juan en su viaje por Latinoamérica.
  —¡Qué lindas! _____ _____ mostraré a mis padres para que también me dejen viajar antes de ingresar en la universidad.

ochenta y tres 83

¡ACÉRCATE!

1 Observa la imagen y lee el diálogo.

— Quiero trabajar en moda, pero no sé qué estudiar ni por dónde empezar.

— Podríamos preguntár**selo** a alguien que trabaja en esa área.

))) Pronombre objeto indirecto + pronombre objeto directo: colocación de los pronombres

La colocación de los pronombres objeto indirecto y objeto directo juntos sigue las mismas reglas de cuando se usa uno solo.

Con el verbo	Colocación	Ejemplos
conjugado en cualquier tiempo de Indicativo o Subjuntivo, o en Imperativo negativo	antes del verbo	Lo más importante es saber qué nos gusta hacer. **Me lo** han dicho mis padres. Encontré algunas opciones de cursos de idiomas en el extranjero que me gustaron mucho. **Te las** enseñaré por la tarde, ¿sí?
en infinitivo, gerundio o Imperativo afirmativo	después del verbo, formando una sola palabra (sin guion)	Mis padres me preguntaron sobre mis planes futuros, y me gustó mucho contár**selos**. Chicos, terminen de redactar sus planes de vida. Trayéndo**melos** mañana, podremos conversar con más tranquilidad. Les pido que terminen de redactar en casa sus metas personales y profesionales; tráigan**melas** mañana.
conjugado + un verbo en infinitivo/gerundio	antes del verbo conjugado o después del verbo en infinitivo/gerundio, pero nunca entre ambos	Ese libro sobre proyectos de vida es muy bueno. Ana **se lo** está devolviendo/está devolviéndo**selo** a Pedro; ¿por qué no se lo pides? He visto algunos proyectos de voluntariado muy interesantes. **Te los** voy a enseñar/Voy a enseñár**telos**.

Cuando los dos pronombres objeto van antes del verbo, se escriben por separado. Cuando van después del verbo, se unen a este sin guion, formando una sola palabra. Ejemplos: "Te las enseñaré"; "tráiganmelas".

84 ochenta y cuatro

2 Lee la siguiente recomendación y complétala con los pronombres objeto indirecto y objeto directo que correspondan.

> Si no haces tu propio proyecto de vida, es probable que otros _____ hagan. ¿Qué deseas en la vida y _____ haría feliz? Preguntár_____ es un importante paso para empezar.

3 Reescribe los fragmentos en los que faltan pronombres usando los pronombres objeto del recuadro en la posición correcta.

las   le   les   lo (3 veces)   me (4 veces)   nos (2 veces)   se lo (2 veces)

Siempre gustaron las películas. Solía ver en el cine con mi prima y mis tíos. En la adolescencia empecé a imaginarme trabajando en esa área, pero no veía actuando. Unos amigos hacían un curso de teatro y pedí que dejasen participar en unas clases, pero, de hecho, actuar no era lo que quería. El mes pasado el colegio organizó una serie de conferencias sobre carreras, y ellos aconsejaron a mis amigos y a mí pensar primero qué hacía felices y qué habilidades teníamos. Una de las conferencistas era actriz. Quería saber qué opinaba sobre mi caso y pensé: "voy a preguntar". A pesar de la timidez, hice. Ella dijo que otro alumno había preguntado el día anterior, y que ella había aconsejado considerar otras profesiones dentro de su área de interés. ¡Por supuesto! ¿Por qué no había pensado antes? Puedo ser director, productor, guionista, etc. Son tantas posibilidades... Aún no he decidido, pero ya estoy avanzando en mi proyecto de vida.

_____
_____
_____

4 🎧 Reescribe las frases de la grabación usando los pronombres objeto que correspondan para evitar las repeticiones.

a Este libro explica cómo elaborar un proyecto de vida. _____

b Necesito hablar con Pedro sobre la ONG ambiental que vimos en la televisión.
_____ que _____

c Los alumnos deben incluir en el proyecto de vida los pasos necesarios para alcanzar cada meta.
_____

d ¿Tú también crees que el trabajo voluntario es importante? En este correo electrónico, la orientadora
_____

e Lupe, estas son mis metas para los próximos diez años. _____ mientras leo las tuyas, ¿vale?

ochenta y cinco 85

CONTEXTOS

> ◢ **Género textual: meme**
> El meme es un género que combina texto e imagen. Tiene carácter humorístico y muchas veces, para lograr ese efecto de humor, establece una relación intertextual con películas, libros, noticias y otros elementos de la cultura popular. También es común el empleo de la ironía y la burla. Circula y se difunde rápidamente por internet, sobre todo en las redes sociales.

))) Prelectura

1 Conversa con un compañero y responde oralmente a las preguntas.

  a ¿Te gustan los memes? ¿Por qué? ¿Dónde sueles verlos?

  b ¿Crees que algunos memes pueden ser ofensivos? Fundamenta tu respuesta.

2 ¿Qué es necesario para crear un meme? Conversa con un compañero y señala las opciones que te parezcan adecuadas.

  a ☐ Ser creativo.
  b ☐ Estar bien informado.
  c ☐ Elegir buenas imágenes.
  d ☐ Tener sentido del humor.
  e ☐ Escribir bien.
  f ☐ Analizar otros memes.
  g ☐ Hacer un borrador y mostrárselo a alguien para que opine.
  h ☐ Otro: _____

))) Lectura

3 Lee los memes y contesta: ¿cuántas imágenes se utilizan en cada meme?

a MI CARA CUANDO ALGUIEN QUIERE ENTROMETERSE EN MI PROYECTO DE VIDA

b CUANDO TE TOCA ENCARAR DECISIONES Y DESAFÍOS GIGANTESCOS

PERO ALGUNOS SON MOLINOS DE VIENTO

))) Poslectura

4 Contesta oralmente las preguntas sobre los memes.

  a ¿Qué denota la expresión facial de la niña del meme "a"?
  b El texto del meme "a", ¿hace referencia a esa expresión facial? En caso afirmativo, ¿de qué modo?
  c ¿Qué relación hay entre las imágenes del meme "b"?
  d En la primera imagen del meme "b", ¿por qué se esconde el personaje?

5 En grupos, conversen sobre las siguientes cuestiones.

  a ¿Cómo reaccionan cuando alguien les da consejos o sugerencias sobre sus planes futuros? ¿Se sienten como la niña del meme o piensan que puede ser algo positivo? Fundamenten su respuesta.
  b ¿Las decisiones y los desafíos futuros suelen preocuparlos? En caso afirmativo, ¿cuáles? ¿Qué piensan hacer para enfrentarlos?

6 ¿Cuál de los memes tiene una relación intertextual con una obra literaria clásica? Señala la novela a la que hace referencia. Si es necesario, investígalo.

_____

  a ☐ *Los tres mosqueteros*, de Alejandro Dumas.
  b ☐ *Los viajes de Gulliver*, de Jonathan Swift.
  c ☐ *Don Quijote de la Mancha*, de Miguel de Cervantes.
  d ☐ *El Principito*, de Antoine de Saint-Exupéry.

7 Ahora conversa con tus compañeros sobre la relación entre el meme y la novela que acabas de señalar.

Los jóvenes hispanos, al igual que los brasileños, sueñan con tener buenas condiciones de vida cuando sean adultos, no solo para sí mismos, sino también para sus familiares. Muchos de ellos emigran a otros países cuando no encuentran oportunidades en su tierra natal. Para saber más, escucha la grabación.

))) Plan del texto

☐ Vas a elaborar un meme relacionado con el tema "proyecto de vida". Para empezar, piensa qué aspecto vas a tratar y qué texto vas a escribir. Busca una imagen (o imágenes) que puedas combinar con ese texto.
☐ Elabora un borrador del meme en la computadora o en papel y revísalo.

))) Producción y divulgación

☐ Busca un programa o aplicación para crear tu meme.
☐ Elabóralo, verifica si el texto y la imagen están visibles y haz las alteraciones necesarias.
☐ Publica el meme en alguna página web y compártelo en la Plataforma Ventana (<www.ventanaalespanol.com.br>) con la etiqueta "meme".

8 REPASO

1 Los test de personalidad son una tendencia en internet. Elige uno de los perros a continuación y descubre qué valores te caracterizan.

a. Dóberman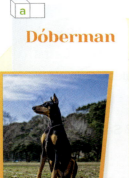

b. Shih Tzu

c. Husky siberiano

d. Collie

e. Chucho

a Simboliza el respeto y la disciplina. Eres una persona estructurada, te gusta que las cosas se hagan de la manera adecuada.

b Indica el amor y la esperanza. Eres una persona que pone las emociones en primer lugar.

c Representa la inteligencia y la justicia. Eres alguien muy analítico, siempre observas la situación antes de tomar una decisión y actuar.

d Indica la tolerancia y la empatía. Valoras que todo a tu alrededor sea calmo, armonioso.

e Representa el compañero fiel. Tienes una relación especial con tus amigos, te gusta pasar tiempo con ellos y cuidarlos. La amistad y la lealtad te definen.

Basado en: <www.iprofesional.com/recreo/323513-que-perro-es-mas-fiel-el-test-que-define-tus-valores-como-persona>. Acceso el: 12 feb. 2021.

2 ¿Estás de acuerdo con tu resultado? ¿Por qué?
_____

3 Lee los demás resultados del test y haz un círculo alrededor de todos los valores que se mencionan.

4 Relaciona cinco de los valores que has marcado en la actividad anterior con su respectiva definición.

a Consiste en reconocer y dar a cada uno lo que le corresponde por derecho: _____.

b Expresa el compromiso de ser fiel a lo que creemos y a las personas en quienes creemos: _____.

c Es la capacidad de actuar en forma ordenada y perseverante para conseguir un propósito: _____.

d Se basa en el respeto a los demás y en la comprensión de que todos somos diferentes: _____.

e Es la confianza en que ocurra o se alcance lo que se desea: _____.

5 🎧 Escucha una noticia y contesta las preguntas a continuación.

   a ¿Con qué situación se enfrentó la protagonista de los hechos?
   _____

   b ¿Qué valor demostró?
   _____

   c Y el dueño del dinero, ¿qué valor demostró?
   _____

   d ¿Qué opinas sobre la actitud de la joven? Si estuvieses en su lugar, ¿qué harías? ¿Por qué?
   _____

6 Completa el texto conjugando los verbos en la 2.ª persona del singular ("tú") en Imperativo afirmativo o negativo, según corresponda.

Consejos para desarrollar la empatía

La empatía consiste en ponerse en el lugar del otro, percibir cómo se siente la otra persona y actuar en consecuencia. Aunque parezca una tarea a veces difícil, es posible potenciar ese valor social poniendo en práctica los consejos a continuación.

1 _____ sin prejuicios. _____ respetuoso con los demás. [escuchar / ser]

2 _____ interés en lo que te están contando. [demostrar]

3 _____ mientras te están hablando y _____ en alguien que solo da consejos e ignora lo que el otro siente. [interrumpir / convertirse]

4 _____ las cualidades y logros de los demás. [reconocer]

5 Cuando te pregunten tu opinión, _____ sincero, pero _____ cuidado con las palabras, ya que estas pueden herir como cuchillos. [ser / tener]

6 _____ las diferencias y _____ siempre la tolerancia y la paciencia. [aceptar / ejercitar]

Basado en: <www.salud180.com/salud-dia-a-dia/emociones/entorno/6-tips-para-desarrollar-empatia>. Acceso el: 12 feb. 2021.

7 ¿De qué otra forma podrías escribir los consejos 2 y 3 del texto?
_____
_____

8 Conjuga los verbos regulares e irregulares en Imperativo afirmativo en las personas indicadas y descubre uno de los derechos de los ciudadanos.

a escribir – tú
b conocer – usted
c reflexionar – vosotros(as)
d oír – tú
e aprender – usted
f ser – nosotros(as)
g hacer – tú
h recomendar – usted
i pedir – ustedes
j compartir – vos
k venir – ustedes

9 🔊 041 Escucha una explicación sobre el derecho que has descubierto en la actividad anterior y contesta las siguientes preguntas.

a ¿Qué se celebra el 28 de septiembre?
_____

b En nuestra sociedad, ¿quién tiene un papel fundamental en informar a los ciudadanos y fiscalizar a los gobiernos, entidades e individuos?
_____

c Para que los periodistas puedan cumplir su papel, ¿qué es necesario garantizarles?
_____

10 Lee el cartel de una campaña. Luego reescribe las frases destacadas sustituyendo los elementos subrayados por los pronombres que correspondan.

> Queremos que todos los colombianos conozcan la Ley de Transparencia y Derecho de Acceso a la Información Pública y **utilicen esa ley a su favor.**
>
> Contar con información pública permite a los ciudadanos participar en el debate de los asuntos locales. **Puedes solicitar información pública a cualquier órgano gubernamental.**
>
> Solicitar y recibir información completa y oportuna es tu derecho.
>
> **¡EJERCE ESE DERECHO!**

a Frase 1: _____
b Frase 2: _____
c Frase 3: _____

90 noventa

11 Vuelve a leer las frases que has formado en la actividad anterior y fundamenta la posición de los pronombres.

a Frase 1: _____

b Frase 2: _____

c Frase 3: _____

12 🎧 Escucha un reportaje sobre los derechos humanos y contesta las preguntas a continuación.

a ¿Cuándo se celebra el Día de los Derechos Humanos?
_____

b ¿Qué derechos se mencionan en el reportaje?
_____

13 🎧 Escucha el reportaje nuevamente y numera los grupos cuyos derechos son más vulnerados, de acuerdo con el orden en que se los menciona. Luego completa las frases con los porcentajes correspondientes.

a
El _____ de los indígenas de Brasil, México, Bolivia, Ecuador, Guatemala y Perú está en situación de pobreza.

b
El _____ de los niños entre 2 y 4 años sufre agresión psicológica o castigo físico.

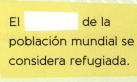

c
El _____ de las mujeres ha sufrido violencia.

d
El _____ de la población mundial se considera refugiada.

e
El _____ de la población mundial tiene algún tipo de discapacidad.

14 Utiliza los verbos del recuadro conjugados en Imperativo negativo para completar algunos deberes de los ciudadanos.

competir   invadir   juzgar   olvidarse   poner   tirar

PARA SER UN BUEN CIUDADANO

» Cuida el medioambiente: _____ desechos en la calle y consume menos energía en tu casa. _____ de las tres R: reduce, recicla y reutiliza.

» Respeta las diferencias: _____ las creencias de los demás.

» Busca el bien común: _____ destructivamente. Construye una cultura de paz y respeto en tu entorno.

» Rechaza la violencia: _____ en riesgo la integridad física de las personas. Si eres testigo de violencia, busca a las autoridades de seguridad pública y denúnciasela.

» Cumple las normas: _____ los lugares destinados a personas con discapacidad. Sé respetuoso y déjalos libres para que sus destinatarios puedan ocuparlos.

Basado en: <https://civicamente.cl/blog/decalogo-para-ser-un-buen-ciudadano>. Acceso el: 16 feb. 2021.

15 Reescribe algunas frases del texto sustituyendo los elementos destacados por los pronombres que correspondan.

a Cuida **el medioambiente**: _____
b Respeta **las diferencias**: _____
c Busca **el bien común**: _____
d Rechaza **la violencia**: _____
e Cumple **las normas**: _____

16 Lee otra vez la siguiente frase del texto y contesta las preguntas.

> Si eres testigo de violencia, busca a las autoridades de seguridad pública y denúnciasela.

a ¿A qué elementos se refieren los pronombres "se" y "la" en "denúnciasela"?
_____

b ¿Por qué los pronombres se colocan después del verbo?
_____

c ¿Por qué se utilizó el pronombre "se" en lugar de "les"?
_____

17 🔊 Conoce cinco pasos para armar tu proyecto de vida y numéralos según el orden en que los escuches.

- **a** Elimina los malos hábitos.
- **b** Identifica tus habilidades y aficiones.
- **c** Sé perseverante.
- **d** Escoge cómo y dónde desarrollar tu habilidad.
- **e** Visualízate alcanzando tu meta.

18 Relaciona las siguientes palabras extraídas de la grabación con sus sinónimos.

- **a** Habilidades.
- **b** Aficiones.
- **c** Metas.
- **d** Imprevistos.

☐ Obstáculos, inconvenientes, impedimentos.
☐ Objetivos, propósitos, aspiraciones.
☐ Talentos, aptitudes, capacidades.
☐ Gustos, intereses, inclinaciones.

19 Reescribe las frases utilizando los pronombres objeto directo e indirecto para evitar la repetición destacada.

a ¿Alguna vez te has preguntado cómo te ves de aquí a 10 años? ¡Pregunta **a ti mismo cómo te ves de aquí a 10 años**!

_____
_____

b El profesor nos pidió una lista de nuestras habilidades y aficiones. Tenemos que mostrar **al profesor esa lista** el próximo mes.

_____
_____

c Mis padres me preguntaron cuáles son las metas de mi proyecto de vida. Cuando termine de trazar **las metas**, contaré **las metas a mis padres**.

_____
_____

noventa y tres 93

PROYECTO INTERDISCIPLINARIO 2

SÉ EL PROTAGONISTA DEL CAMBIO QUE QUIERES VER EN EL MUNDO

- **Organización:** la clase dividida en grupos de 4 a 6 alumnos
- **Temas Contemporáneos Transversales:** *Educação em Direitos Humanos*; *Educação Fiscal*; *Trabalho*; *Vida Familiar e Social*
- **Metodología activa:** *design thinking*

¿Ya han pensado en algo de su entorno que les gustaría cambiar? Muchas veces abandonamos el deseo de una transformación creyéndola difícil, costosa, casi una utopía. Pero... ¿y si damos un primer paso para intentar lograrla?

Este proyecto los invita a aportar su granito de arena y empezar el cambio que quieren ver en el mundo. Piensen en una situación que afecte a las personas de su escuela, barrio o ciudad y actúen como diseñadores buscando una manera creativa y eficaz de mudar ese panorama.

Primera etapa
¿Qué les parece la idea de actuar como diseñadores y usar el pensamiento creativo en la resolución de problemas? Conozcan algunas iniciativas presentadas por el profesor.

Segunda etapa
Este es el momento de hablar sobre sus sentimientos. Piensen en las siguientes preguntas y contéstenlas:
- ¿Qué los hace felices?
- ¿Qué los pone tristes?

También es el momento de considerar las situaciones de su entorno (como el colegio, el barrio o la ciudad) que les gustaría cambiar, partiendo de la siguiente pregunta:
- ¿Qué les molesta en su entorno?

Tercera etapa
Ha llegado la hora de trabajar en grupo y decidir el enfoque del proyecto. Den sus opiniones, argumenten para fundamentarlas, pero no se olviden de escuchar a los compañeros y respetar sus ideas. Discútanlas y lleguen a un consenso.

Cuarta etapa
Conversen con todos los que puedan ayudarlos a saber más sobre el tema elegido:
- compañeros del colegio;
- vecinos del barrio;
- familiares que viven en la ciudad.

Escúchenlos atentamente, hagan las preguntas pertinentes y respeten sus opiniones. Luego investiguen y descubran la(s) principal(es) causa(s) de la referida situación.

Quinta etapa
Tras la investigación, evalúen qué han aprendido:
- repasen los apuntes y registros;
- conversen sobre sus descubrimientos;
- hagan un resumen de todo lo que han diagnosticado;
- analicen la situación e identifiquen su real desafío.

Sexta etapa
Generen ideas para resolver el problema. Tengan paciencia y no critiquen las sugerencias de los compañeros. Recuerden que ninguna idea es mala. Siempre es posible adaptarla o complementarla.

Séptima etapa
Discutan las ideas generadas y elijan la propuesta más adecuada para resolver el problema. También pueden combinar dos o más propuestas. Luego piensen en un título original y atractivo para el proyecto.

Octava etapa
Este es el momento de elaborar un plan de acción para prepararse adecuadamente antes de poner en práctica la propuesta elegida:
- ¿Cómo la realizarán? ¿Qué necesitarán para llevarla a cabo?
- ¿Será necesario obtener alguna autorización? En caso afirmativo, ¿de quién(es)?
- ¿Cuál será su cronograma?
- ¿Qué recursos necesitarán? ¿Cómo los obtendrán?

Novena etapa
¡Ha llegado la hora de poner en marcha la solución ideada por el grupo! Si algo no sale como esperaban, no se desesperen. Reúnanse, reflexionen y recalculen la ruta.

Décima etapa
Divulguen el proyecto entre las personas del colegio, las familias y los vecinos del barrio. Compartan sus vivencias para inspirar nuevas acciones ciudadanas. Luego publiquen los registros del trabajo en una página web y compártanlos en la Plataforma Ventana (<www.ventanaalespanol.com.br>) con la etiqueta "iniciativa ciudadana".

Décima primera etapa
Entre toda la clase, hablen sobre sus experiencias, dificultades y aprendizajes en este proyecto:
- ¿Les ha gustado participar en este proyecto? ¿Por qué?
- ¿Qué ha sido lo más fácil de realizar? ¿Y lo más difícil?
- ¿Qué han aprendido?
- ¿Qué harían de una manera diferente? ¿Por qué?
- ¿Cuál puede ser el próximo paso?

noventa y cinco 95

GLOSARIO

Español-Portugués

A

a gusto: *à vontade*
a la vez: *ao mesmo tempo*
a lo largo de: *ao longo de*
a plazos: *a prazo*
aburrimiento: *tédio*
acceso: *acesso*
acción: *ação*
acercar(se): *aproximar(-se)*
acortar: *encurtar*
acoso escolar: bullying
actitud: *atitude*
actuar: *agir*
afición: *gosto; inclinação*
ahorrar: *economizar*
ahorro: *poupança; economia*
aire: *ar*
aislado(a): *isolado(a)*
aislamiento: *isolamento*
al contado: *à vista*
alfombra: *tapete*
alimentación: *alimentação*
alquiler: *aluguel*
amistad: *amizade*
amor: *amor*
aparato: *aparelho*
apariencia: *aparência*
aplicación: *aplicativo*
aptitud: *aptidão*
árbol: *árvore*
asegurar: *garantir*
asignatura: *matéria escolar*
aunque: *ainda que*
autoconocimiento: *autoconhecimento*
autoestima: *autoestima*
autoridad: *autoridade*
avance: *avanço*

B

baloncesto: *basquete*
barrio: *bairro*
basura: *lixo*
beca: *bolsa de estudos*
bien: *bem*
billete: *cédula de dinheiro*
billetera: *carteira*
bolsa plástica: *sacola plástica*
bombilla: *lâmpada*
borrador: *rascunho*
botella: *garrafa*
bulo: *notícia falsa*
burla: *zombaria*
búsqueda: *busca*

C

cajero automático: *caixa eletrônico*
calidad: *qualidade*
cambio: *troco; mudança*
campaña de publicidad: *campanha publicitária*
cansador(a): *cansativo(a)*
cansancio: *cansaço*
cartón: *papelão*
celular: *celular*
charla: *conversa*
ciberacoso: cyberbullying
científico(a): *cientista*
ciudadanía: *cidadania*
ciudadano(a): *cidadão(ã)*
colaborar: *colaborar*
colectividad: *coletividade*
cómic: *história ou revista em quadrinhos*
compartir: *compartilhar*
compasión: *compaixão*
comportamiento: *comportamento*
comprar: *comprar*
computadora: *computador*
comunicarse: *comunicar-se*
conciencia: *consciência*
concretar: *concretizar*
conexión: *conexão*
consciente: *consciente*
Constitución: *Constituição*
consumidor(a): *consumidor(a)*
consumismo: *consumismo*
consumo: *consumo*
contaminación: *contaminação; poluição*

noventa y siete **97**

control: *controle*
coraje: *coragem*
correo electrónico: e-mail
cuenta corriente: *conta-corrente*
cuidar: *cuidar*
cumplir: *cumprir*

de hecho: *de fato*
de segunda mano: *usado(a)*
debate: *debate*
debatir: *debater*
deber: *dever*
debilidad: *fraqueza*
deforestación: *desflorestamento; desmatamento*
demasiado: *demais*
democracia: *democracia*
derecho: *direito*
derechos humanos: *direitos humanos*
derrochar: *desperdiçar*
derroche: *desperdício*
desarrollar: *desenvolver*
desarrollo: *desenvolvimento*
descuento: *desconto*
desechable: *descartável*
desecho: *rejeito; lixo; descarte*
deseo: *desejo*
despacio: *devagar*
deuda: *dívida*
diapositiva: slide
dibujante: *desenhista*
dibujar: *desenhar*
dignidad: *dignidade*
digno(a): *digno(a)*
dinero: *dinheiro*
disciplina: *disciplina*
discriminación: *discriminação*
disminución: *diminuição*
donación: *doação*

económico(a): *econômico(a)*
educación: *educação*
efecto invernadero: *efeito estufa*
emisión [televisiva]: *transmissão*

emisor: *emissor*
emoción: *emoção*
emoji: emoji
empatía: *empatia*
en cuotas: *a prazo*
en efectivo: *em dinheiro*
en metálico: *em dinheiro*
encuesta: *enquete*
enseñar: *mostrar; ensinar*
enterarse: *ficar sabendo*
entrometerse: *intrometer-se*
equidad: *equidade*
esclavitud: *escravidão*
escoger: *escolher*
escritura: *escrita*
eslogan: slogan
esperanza: *esperança*
establecer: *estabelecer*
estadística: *estatística*
Estado: *Estado*
ética: *ética*
expresión: *expressão*
extinción: *extinção*

factura: *conta (para fazer pagamento); nota fiscal*
fijar: *estabelecer*
finanzas: *finanças*
forma de pago: *forma de pagamento*
foro de discusión: *fórum de discussão*
fortaleza: *fortaleza*
franja etaria: *faixa etária*

ganancia: *lucro*
ganga: *pechincha*
gasto: *gasto*
gestionar: *gerenciar*
gobernante: *governante*
gobierno: *governo*
gracioso(a): *engraçado(a)*
graduarse: *formar-se*
gratitud: *gratidão*
guardabarros: *para-lama*

guardar: *guardar*
guionista: *roteirista*
gusto: *gosto*

hambre: *fome*
harto(a): *cansado(a)*
historieta: *história em quadrinhos*
hoja de control de gastos: *planilha de gastos*
hojear: *folhear*
honestidad: *honestidade*
hucha: *cofre*
humanidad: *humanidade*
humildad: *humildade*

ícono: *ícone*
igualdad: *igualdade*
impreso(a): *impresso(a)*
impuesto: *imposto*
inalienable: *inalienável*
infografía: *infográfico*
información: *informação*
informar(se): *informar(-se)*
inteligencia: *inteligência*
interés: *juros*
inundación: *inundação*
inversión: *investimento*
invertir: *investir*
investigación: *pesquisa*

justicia: *justiça*
juzgar: *julgar*

lealtad: *lealdade*
lenguaje: *linguagem*
ley: *lei*
libertad: *liberdade*
liquidación: *liquidação*
llamada: *chamada (ligação)*
lograr: *conseguir*

madurez: *maturidade*
masivo(a): *massivo(a)*
medio de comunicación: *meio de comunicação*
medio de información: *meio de informação*
meditación: *meditação*
mensaje: *mensagem*
mensajería instantánea: *serviço de troca de mensagens*
meterse: *intrometer-se*
mientras: *enquanto*
molino de viento: *moinho de vento*
moneda [virtual]: *moeda [virtual]*
moral: *moral*

neumático: *pneu*
norma: *norma*
notificación: *notificação*

obligación: *obrigação*
obligatorio(a): *obrigatório(a)*
ocio: *lazer; ócio*
ojalá: *tomara que*
olvidar(se): *esquecer(-se)*
opinión: *opinião*

pagar: *pagar*
pago [en línea]: *pagamento [on-line]*
pantalla: *tela*
patrimonio público: *patrimônio público*
perfeccionar: *aperfeiçoar*
periódico: *jornal*
petición: *petição*
plan: *plano*
planear: *planejar*
planificar: *planejar*
plazo: *prazo*
población: *população*
pódcast: podcast
poderes políticos: *poderes políticos*

noventa y nueve 99

posgrado: *pós-graduação*
precio: *preço*
prensa: *imprensa*
preservación: *preservação*
préstamo: *empréstimo*
prestar: *emprestar*
presupuesto: *orçamento*
producto: *produto*
prójimo: *próximo (semelhante)*
pronto: *logo*
proteger: *proteger*
publicación: *publicação*
publicidad: *publicidade*
pueblo: *povo*
pulgar: *polegar*

radio: *rádio*
ratón inalámbrico: *mouse sem fio*
reacción: *reação*
reaccionar: *reagir*
reaprovechamiento: *reaproveitamento*
rebajas: *liquidação*
recargable: *recarregável*
rechazar: *recusar*
reciclaje: *reciclagem*
red social: *rede social*
reforestación: *reflorestamento*
regalar: *presentear*
regla: *regra*
renovable: *renovável; sustentável*
respetar: *respeitar*
respeto: *respeito*
responsabilidad: *responsabilidade*
revista: *revista*

salpicadera: *para-lama*
salud: *saúde*
secundaria: *Ensino Médio*
seguidor(a): *seguidor(a)*
seguridad: *segurança*
sencillo(a): *simples*
sentido del humor: *senso de humor*
sentimiento: *sentimento*
servidumbre: *servidão*

simple: *simples*
sinceridad: *sinceridade*
sociedad: *sociedade*
solidaridad: *solidariedade*
soplón(ona): *dedo-duro*
sostenibilidad: *sustentabilidade*
sostenible: *sustentável*
***sticker*:** *figurinha*
suelo: *solo*
sueño: *sonho*
sugerencia: *sugestão*

tarjeta de crédito/débito: *cartão de crédito/débito*
tasa: *taxa*
tebeo: *história ou revista em quadrinhos*
teclear: *digitar*
tecnología: *tecnologia*
teléfono fijo: *telefone fixo*
teletrabajo: *home office*
televisión: *televisão*
tique: *cupom fiscal*
tiradero: *lixão*
tolerancia: *tolerância*
trabajo: *trabalho*
transferencia electrónica: *transferência eletrônica*
trazar: *traçar*
turno: *turno de fala*

utilidad: *utilidade*

vender: *vender*
venta: *venda*
vida: *vida*
videoconferencia: *videoconferência*
videollamada: *chamada de vídeo*
vivienda: *moradia*
voluntario(a): *voluntário(a)*
votar: *votar*
voto: *voto*

Portugués-Español

a prazo: a plazos; en cuotas
à vista: al contado
à vontade: a gusto
ação: acción
acesso: acceso
agir: actuar
ainda que: aunque
alimentação: alimentación
aluguel: alquiler
amizade: amistad
amor: amor
ao longo de: a lo largo de
ao mesmo tempo: a la vez
aparelho: aparato
aparência: apariencia
aperfeiçoar: perfeccionar
aplicativo: aplicación
aproximar(-se): acercar(se)
aptidão: aptitud
ar: aire
árvore: árbol
atitude: actitud
autoconhecimento: autoconocimiento
autoestima: autoestima
autoridade: autoridad
avanço: avance

bairro: barrio
basquete: baloncesto
bem: bien
bolsa de estudos: beca
bullying: acoso escolar
busca: búsqueda

caixa eletrônico: cajero automático
campanha publicitária: campaña de publicidad
cansaço: cansancio
cansado(a): cansado(a); harto(a)
cansativo(a): cansador(a)
cartão de crédito/débito: tarjeta de crédito/débito
carteira: billetera
cédula de dinheiro: billete
celular: celular
chamada (ligação): llamada
chamada de vídeo: videollamada
cidadania: ciudadanía
cidadão(ã): ciudadano(a)
cientista: científico(a)
cofre: hucha
colaborar: colaborar
coletividade: colectividad
compaixão: compasión
compartilhar: compartir
comportamento: comportamiento
comprar: comprar
computador: computadora
comunicar-se: comunicarse
concretizar: concretar
conexão: conexión
consciência: conciencia
consciente: consciente
conseguir: lograr
Constituição: Constitución
consumidor(a): consumidor(a)
consumismo: consumismo
consumo: consumo
conta (para fazer pagamento): factura
conta-corrente: cuenta corriente
contaminação: contaminación
controle: control
conversa: charla
coragem: coraje
cuidar: cuidar
cumprir: cumplir
cupom fiscal: tique
cyberbullying: ciberacoso

de fato: de hecho
debate: debate
debater: debatir
dedo-duro: soplón(ona)
demais: demasiado
democracia: democracia
descartável: desechable
descarte: desecho
desconto: descuento

ciento uno 101

desejo: deseo
desenhar: dibujar
desenhista: dibujante
desenvolver: desarrollar
desenvolvimento: desarrollo
desflorestamento: deforestación
desmatamento: deforestación
desperdiçar: derrochar
desperdício: derroche
devagar: despacio
dever: deber
digitar: teclear
dignidade: dignidad
digno(a): digno(a)
diminuição: disminución
dinheiro: dinero
direito: derecho
direitos humanos: derechos humanos
disciplina: disciplina
discriminação: discriminación
dívida: deuda
doação: donación

economia: ahorro
econômico(a): económico(a)
economizar: ahorrar
educação: educación
efeito estufa: efecto invernadero
em dinheiro: en efectivo; en metálico
e-mail: correo electrónico
emissor: emisor
emoção: emoción
emoji: *emoji*
empatia: empatía
emprestar: prestar
empréstimo: préstamo
encurtar: acortar
engraçado(a): gracioso(a)
enquanto: mientras
enquete: encuesta
ensinar: enseñar
Ensino Médio: [enseñanza] secundaria
equidade: equidad
escolher: escoger
escravidão: esclavitud
escrita: escritura

esperança: esperanza
esquecer(-se): olvidar(se)
estabelecer: establecer; fijar
Estado: Estado
estatística: estadística
ética: ética
expressão: expresión
extinção: extinción

faixa etária: franja etaria
ficar sabendo: enterarse
figurinha: *sticker*
finanças: finanzas
folhear: hojear
fome: hambre
forma de pagamento: forma de pago
formar-se: graduarse
fortaleza: fortaleza
fórum de discussão: foro de discusión
fraqueza: debilidad

garantir: asegurar
garrafa: botella
gasto: gasto
gerenciar: gestionar
gosto: gusto; afición
governante: gobernante
governo: gobierno
gratidão: gratitud
guardar: guardar

história em quadrinhos: cómic; tebeo; historieta
home office: teletrabajo
honestidade: honestidad
humanidade: humanidad
humildade: humildad

ícone: ícono
igualdade: igualdad
imposto: impuesto

102   ciento dos

imprensa: prensa
impresso(a): impreso(a)
inalienável: inalienable
inclinação: afición
infográfico: infografía
informação: información
informar(-se): informar(se)
inteligência: inteligencia
intrometer-se: entrometerse; meterse
inundação: inundación
investimento: inversión
investir: invertir
isolado(a): aislado(a)
isolamento: aislamiento

jornal: periódico
julgar: juzgar
juros: interés
justiça: justicia

lâmpada: bombilla
lazer: ocio
lealdade: lealtad
lei: ley
liberdade: libertad
linguagem: lenguaje
liquidação: liquidación; rebajas
lixão: tiradero
lixo: basura; desecho
logo: pronto
lucro: ganancia

massivo(a): masivo(a)
matéria escolar: asignatura
maturidade: madurez
meditação: meditación
meio de comunicação: medio de comunicación
meio de informação: medio de información
mensagem: mensaje
moeda [virtual]: moneda [virtual]
moinho de vento: molino de viento
moradia: vivienda

moral: moral
mostrar: mostrar; enseñar
mouse sem fio: ratón inalámbrico
mudança: cambio

norma: norma
nota fiscal: factura
notícia falsa: bulo
notificação: notificación

obrigação: obligación
obrigatório(a): obligatorio(a)
ócio: ocio
opinião: opinión
orçamento: presupuesto

pagamento [on-line]: pago [en línea]
pagar: pagar
papelão: cartón
para-lama: guardabarros; salpicadera
patrimônio público: patrimonio público
pechincha: ganga
pesquisa: investigación
petição: petición
planejar: planear; planificar
planilha de gastos: hoja de control de gastos
plano: plan
pneu: neumático
podcast: pódcast
poderes políticos: poderes políticos
polegar: pulgar
poluição: contaminación
população: población
pós-graduação: posgrado
poupança: ahorro
povo: pueblo
prazo: plazo
preço: precio
presentear: regalar
preservação: preservación
produto: producto

proteger: proteger
próximo (semelhante): prójimo
publicação: publicación
publicidade: publicidad

qualidade: calidad

rádio: radio
rascunho: borrador
reação: reacción
reagir: reaccionar
reaproveitamento: reaprovechamiento
recarregável: recargable
reciclagem: reciclaje
recusar: rechazar
rede social: red social
reflorestamento: reforestación
regra: regla
rejeito: desecho
renovável: renovable
respeitar: respetar
respeito: respeto
responsabilidade: responsabilidad
revista: revista
revista em quadrinhos: cómic; tebeo
roteirista: guionista

sacola plástica: bolsa plástica
saúde: salud
seguidor(a): seguidor(a)
segurança: seguridad
senso de humor: sentido del humor
sentimento: sentimiento
serviço de troca de mensagens: mensajería instantánea
servidão: servidumbre
simples: sencillo(a); simple
sinceridade: sinceridad
slide: diapositiva

slogan: eslogan
sociedade: sociedad
solidariedade: solidaridad
solo: suelo
sonho: sueño
sugestão: sugerencia
sustentabilidade: sostenibilidad
sustentável: sostenible; renovable

tapete: alfombra
taxa: tasa
tecnologia: tecnología
tédio: aburrimiento
tela: pantalla
telefone fixo: teléfono fijo
televisão: televisión
tolerância: tolerancia
tomara que: ojalá
trabalho: trabajo
traçar: trazar
transferência eletrônica: transferencia electrónica
transmissão: emisión [televisiva]
troco: cambio
turno de fala: turno

usado(a): de segunda mano
utilidade: utilidad

venda: venta
vender: vender
vida: vida
videoconferência: videoconferencia
voluntário(a): voluntario(a)
votar: votar
voto: voto

zombaria: burla

MÁS CONTEXTOS

Nombre: _____ Clase: _____

Fecha: _____ / _____ / _____

1 Lee el texto y relaciona las preguntas con las respuestas correspondientes.

Ciudad de México fue clasificada como una de las ciudades con el aire más contaminado del mundo

La contaminación del aire en esta urbe está impactando en el medioambiente y la salud de la población.

Ciudad de México fue clasificada como una de las urbes más contaminadas del mundo en lo que se refiere al aire. Este hecho, que afecta la calidad de vida de los más de 22 millones de personas que viven en la capital, también provocó la muerte de 11 000 individuos en la primera mitad de 2020, de acuerdo con datos recogidos por Greenpeace.

La mala calidad del aire en la ciudad se vincula a diferentes factores: la acción humana, el intenso uso de coches, las industrias, los incendios forestales, los tiraderos de basura a cielo abierto y la actividad del volcán Popocatépetl.

Todos los años las emisiones de gases de efecto invernadero como dióxido de carbono o dióxido de nitrógeno se mantienen altas y, cuando esos registros están elevados, crean una nube contaminante que provoca dificultades respiratorias y reduce la visibilidad.

Para mejorar la calidad del aire en la región, es necesario que las entidades gubernamentales busquen cambiar su economía invirtiendo en industrias sostenibles, energías renovables y educación y concientización ambiental de la población.

Basado en: <https://es-us.noticias.yahoo.com/pese-cuarentena-covid-19-contaminaci%C3%B3n-persiste-ciudad-m%C3%A9xico-111809813.html> y <www.forbes.com.mx/noticias-cdmx-quinta-urbe-mas-contaminada-mundo-greenpeace/>. Acceso a ambos el: 16 dic. 2020.

> **Género textual: noticia**
> La noticia es un género textual periodístico que, como el reportaje, tiene el objetivo de informar al lector sobre determinado asunto a través de la modalidad oral o escrita. Suele ser más corta y objetiva que un reportaje y puede ser encontrada en los periódicos impresos y digitales y en los noticieros de televisión y radio. Las noticias, generalmente, responden a estas preguntas: ¿qué sucedió?, ¿a quién/quiénes?, ¿cómo?, ¿cuándo?, ¿dónde? y ¿por qué? Además, su estructura es: titular, entradilla, introducción, cuerpo y conclusión.

a ¿Qué sucedió?

b ¿A quién afecta el problema?

c ¿Por qué ocurre?

☐ A la población de Ciudad de México.

☐ Por la acción humana, el intenso uso de coches, las industrias, los incendios forestales, los tiraderos de basura a cielo abierto y la actividad del volcán Popocatépetl.

☐ Ciudad de México fue clasificada como una de las ciudades con el aire más contaminado del mundo.

ciento cinco 105

2 Contesta las siguientes preguntas.

   a ¿Cómo es la contaminación del aire donde vives?
   _____

   b ¿Cómo eso afecta a la población de tu ciudad?
   _____

   c ¿Cuáles de tus hábitos pueden provocar contaminación en el aire? ¿Cómo puedes cambiarlos?
   _____

3 Ahora contesta las preguntas sobre el texto.

   a ¿Qué gases de efecto invernadero se mencionan en la noticia? ¿Qué pasa cuando las emisiones de esos gases se mantienen altas?
   _____
   _____

   b Según la noticia, ¿cómo es posible mejorar la calidad del aire en Ciudad de México?
   _____
   _____

4 🔊 Escucha los titulares de algunas noticias e indica qué problemas ambientales se mencionan.

   a _____
   b _____
   c _____

5 Investiga cuáles son los principales problemas ambientales en la región en que vives y apúntalos. 🌐
   _____
   _____
   _____

6 Elige uno de los problemas indicados en la actividad anterior y escribe una noticia sobre el tema.

106   ciento seis

MÁS CONTEXTOS

Nombre: _____ Clase: _____

Fecha: _____ / _____ / _____

1 Lee y observa la infografía. Luego contesta: ¿en qué formato fue elaborada? ¿Por qué?

_____

Historia y evolución de los medios de comunicación

• alrededor de 45 000 años

Arte rupestre
Fue la primera forma duradera de transmitir conceptos. La gran pregunta es: ¿qué conceptos eran esos?

• entre 50 000 y 100 000 años

Lenguaje
El habla humana, no la transmisión de ideas por medio de gruñidos o mímica, tiene entre 50 000 y 100 000 años de antigüedad.

▲ **Género textual: infografía explicativa**
Las infografías explicativas combinan elementos verbales y visuales para presentar contenidos sobre un tema específico de forma atractiva y didáctica. El tema puede pertenecer a áreas como historia, tecnología, salud, etc. Es bastante común encontrarlas en periódicos, revistas, libros escolares y páginas de internet.

• alrededor del 3300 a. C.

Escritura
Los más antiguos registros encontrados provienen de la Mesopotamia (actual Irak). Los sumerios, que habitaban la región, desarrollaron la escritura cuneiforme.

• 2000 a. C.

Correo postal
Ya existía en Egipto y otras civilizaciones desde el 2000 a. C., aunque se estableció mucho más tarde como un sistema formal de envío de correspondencias.

• 1440

Invención de la imprenta y nacimiento de la prensa
La invención de la imprenta por Johannes Gutenberg posibilitó la distribución masiva de materiales impresos.

• 1941

• 1926

• 1895 / 1904

• 1854 / 1876

Computadora
El primer aparato, que podía almacenar 64 palabras, fue creado por Konrad Zuse.

Televisión
El ingeniero escocés John Logie Baird la inventó en 1926. En 1927 el canal inglés BBC realizó su primera emisión pública.

Radio
Fue inventada por Nikola Tesla en 1895 y patentada por Guglielmo Marconi en 1904. La primera transmisión tuvo lugar en 1906 desde una estación en Massachusetts.

Teléfono
Fue inventado por Antonio Meucci en 1854 y patentado por Alexander Graham Bell en 1876.

• los años 60

• 1972

• 1973

Internet
En la década del 60 fue desarrollada la tecnología que serviría para establecer la primera conexión a distancia entre dos computadoras.

Correo electrónico
La tecnología fue creada por Ray Tomlinson, a quien se debe también el uso del símbolo "@" (arroba).

Celular
Martin Cooper inventó el primer teléfono móvil, que pesaba más de 2 quilos.

ciento siete **107**

2 Relaciona las columnas según las informaciones de la infografía.

a Escritura.
b Prensa.
c Televisión.
d Correo electrónico.
e Computadora.
f Celular.

☐ El símbolo "@" es un componente fundamental en sus direcciones.
☐ Su historia tiene inicio en Reino Unido.
☐ Nació alrededor del 3300 a. C. en Mesopotamia.
☐ Su primer modelo pesaba más de 2 quilos.
☐ La primera versión podía almacenar solamente 64 palabras.
☐ Su difusión fue posible gracias a la invención de la imprenta.

3 Escribe el nombre del medio de comunicación representado en cada imagen.

a _____
b _____
c _____
d _____

4 Vuelve a la infografía basada en datos de encuesta (1) de esta unidad y compárala con la infografía explicativa (2). Lee las siguientes características y marca 1 o 2, según correspondan a una u otra.

a ☐ Presenta datos estadísticos y numéricos por medio de gráficos.
b ☐ Tiene un carácter más informativo que didáctico.
c ☐ Su propósito es didáctico, o sea, enseña algo para que se aprenda.
d ☐ Combina el texto escrito con elementos visuales para facilitar la lectura.
e ☐ Depende de la aplicación de un cuestionario.
f ☐ No se basa en encuestas, sino en investigaciones o consultas a especialistas.

5 Contesta las preguntas sobre la infografía.

a ¿Conocías todos los medios de comunicación mostrados en la infografía? ¿Cuál información te llamó más la atención y por qué?
_____

b ¿Sobre cuál de los medios de comunicación presentados en la infografía te gustaría aprender más?
_____

c Si tuvieses que elaborar una infografía explicativa, ¿qué tema te gustaría tratar? ¿Qué informaciones presentarías al lector?
_____

MÁS CONTEXTOS

3

Nombre: _____ Clase: _____

Fecha: _____ / _____ / _____

1 Observa la imagen, lee los comentarios y contesta las preguntas.

Bea Campos
15 000 suscriptores

Y ahora, ¿qué hago?
274 012 visitas • 13 de abr. de 2021
3 000 200 COMPARTIR
623 comentarios

Lipe, hace 2 días
Pues me imaginaba que, con lo brillante que eres, cuidabas de todo. Hoy día no hay disculpa para no controlar nuestros presupuestos... Yo tengo 14 años y una cuenta de ahorros donde pongo todas mis economías.

Cami, ayer
Bea, yo en tu lugar no me preocuparía por eso. ¿Para qué? Todavía no tienes edad. Si tus padres te pueden dar todo, ¡cuida de ponerte linda, sana, dedicarte a tus videos y ya está!

León, hace 3 horas
Bea, a mí me parece una excelente idea porque me imagino que con este canal ganas algo, ¿verdad? 💰💰 Eso que te dice Cami no tiene mucho sentido. Si no aprendes a decidir por ti misma, ¿qué vas a hacer en el futuro?

Anita, hace 1 hora
¿Sabes que nunca había pensado en eso? Pero tienes razón. Si no nos hacemos cargo de nosotros mismos ahora que tenemos a nuestra familia para apoyarnos y orientarnos, ¿cómo vamos a hacer más adelante? ¡Eres súper! 😍

📕 **Género textual: debate en comentarios**
El desarrollo de las más variadas tecnologías de comunicación hizo que la oralidad típica de los debates encontrase un nuevo soporte en blogs, chats, plataformas de videos y redes sociales. Así, internet pasó a ser el espacio en que, a partir de una publicación (en formato de texto, video o imagen), los demás usuarios expresan su opinión (favorable o no) a través de comentarios, *emojis* y *stickers*.

a ¿En qué medio se realizó la publicación?
_____

b ¿Cuántas personas vieron la publicación? ¿Y cuántas en total la comentaron?
_____

c Basándote en los comentarios que has podido leer, ¿sobre qué tema debe tratar la publicación de Bea? ¿Por qué?
_____
_____

d Y tú, ¿sueles comentar los videos y/u otras publicaciones que ves? ¿Por qué?
_____

ciento nueve 109

2 🎧 Ahora escucha el audio del video publicado por Bea y marca V (verdadero) o F (falso).

a ☐ Bea Campos tiene un canal sobre finanzas.
b ☐ Los padres de Bea cuidan de que nada le falte.
c ☐ Bea nunca había tenido antes preocupaciones con dinero y finanzas.
d ☐ La idea de depender totalmente de sus padres no le molesta.
e ☐ Bea piensa en hacer un curso para aprender a cuidar de su dinero y hacerlo aumentar.

3 Corrige la(s) frase(s) falsa(s).
_____
_____

4 Lee otra vez los comentarios a la publicación e identifica la opinión de cada persona.

		Lipe	Cami	León	Anita
a	Está de acuerdo con la reflexión que hizo Bea y la apoya en sus ideas.				
b	Opina que Bea es demasiado joven para pensar en dinero y que no debería tener esa preocupación.				
c	Cambió de opinión después de escuchar a Bea.				
d	Quedó decepcionado(a) al saber que Bea no cuidaba de sus finanzas.				

5 Y tú, ¿qué opinas sobre la publicación de Bea? Crea un avatar y escribe un comentario.

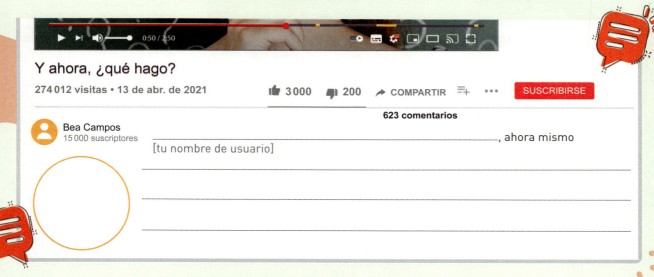

6 Lee las afirmaciones y marca D, si se refieren al género debate, estudiado en **Contextos**; o C, si corresponden al debate en comentarios.

a ☐ Los participantes hablan sobre su punto de vista en vivo.
b ☐ Los participantes pueden expresar su opinión por escrito, a través de *emojis* o *stickers* en cualquier momento (minutos, horas, días, meses después).
c ☐ El autor de la publicación puede moderar la discusión limitando y/o borrando los comentarios.
d ☐ El moderador presenta a los participantes y determina las reglas y los turnos de habla.

MÁS CONTEXTOS

Nombre: _____ Clase: _____

Fecha: _____ / _____ / _____

1 Lee el siguiente folleto informativo y señala la alternativa correcta.

LUCHEMOS CONTRA LA DISCRIMINACIÓN

¿Qué es la discriminación?

La discriminación se caracteriza por un conjunto de diferentes comportamientos que, de manera directa o indirecta, excluyen y rechazan a una persona o un grupo debido a su origen étnico, género, edad, religión, aspecto físico, condición socioeconómica, entre otros.

> **Género textual: folleto informativo**
> El folleto informativo es un impreso que puede divulgar productos o servicios con el objetivo de incentivar al lector a adquirirlos. También puede comunicar la realización de un evento o presentar informaciones con el propósito de educar y concienciar a las personas sobre un determinado tema. Suele combinar textos breves e imágenes para llamar la atención del público.

¿Qué comportamientos son discriminatorios?

Algunos ejemplos de comportamientos discriminatorios son:
- Negar el acceso a un lugar o servicio público por la apariencia o la condición socioeconómica.
- Maltratar a una persona por su origen étnico o creencia religiosa.
- Pagar salarios distintos a personas de géneros diferentes que ocupan un cargo equivalente y desempeñan la misma función.
- Excluir o marginar a alguien por su condición física.

¿Cómo puedo actuar para combatir la discriminación?

- Respeta al prójimo siempre.
- Desarrolla la empatía y la tolerancia.
- Presta atención a las víctimas de discriminación y escúchalas para comprender lo que enfrentan.
- Descubre la riqueza presente en cada individuo y comprueba que juntos somos todos más fuertes.
- Denuncia comportamientos abusivos y discriminatorios.
- Exige que las autoridades políticas sancionen y hagan cumplir leyes contra la discriminación.

El objetivo del folleto es informar sobre un(a):

a ☐ producto que acaba de ser lanzado al mercado.

b ☐ servicio ofrecido por una empresa.

c ☐ evento que va a tener lugar próximamente.

d ☐ conducta inadecuada y cómo combatirla.

ciento once 111

2 ¿Cuál es el tema abordado en el folleto?
_____

3 En un folleto las imágenes y los textos se complementan. Relaciona las imágenes utilizadas en ese folleto con las ideas que transmiten.

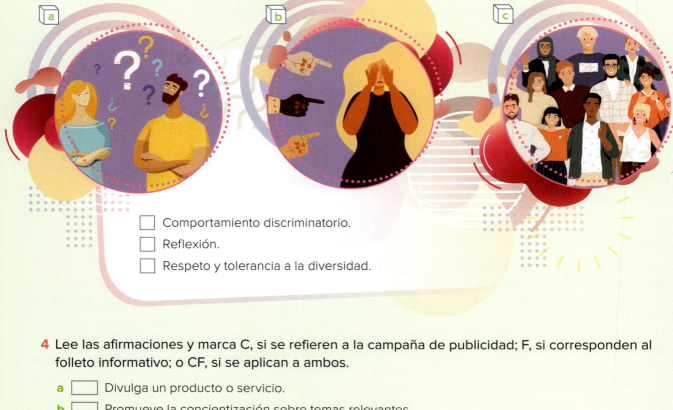

- [ ] Comportamiento discriminatorio.
- [ ] Reflexión.
- [ ] Respeto y tolerancia a la diversidad.

4 Lee las afirmaciones y marca C, si se refieren a la campaña de publicidad; F, si corresponden al folleto informativo; o CF, si se aplican a ambos.

a [ ] Divulga un producto o servicio.
b [ ] Promueve la concientización sobre temas relevantes.
c [ ] Se vehicula en formatos como auditivo, audiovisual y verbovisual.
d [ ] Es obligatoriamente impreso.

5 ¿Ya has sufrido o presenciado algún tipo de discriminación? En caso afirmativo, ¿cómo has reaccionado? En caso negativo, ¿cómo actuarías frente a esa situación?
_____
_____

6 El 13 de mayo de 1997 fue sancionada en Brasil la Ley n.º 9459 para combatir la discriminación. Investiga y escribe los tipos de discriminación que se mencionan como crimen en el artículo 1.º.
_____

7 Elabora un breve folleto informativo sobre cómo desarrollar uno de los valores humanos estudiados en la unidad o acerca de la importancia de ejercitar el autoconocimiento. Al final de la actividad, arma con tus compañeros un tendedero de folletos en el patio del colegio o publícalo en una página web y compártelo en la Plataforma Ventana (<www.ventanaalespanol.com.br>) con la etiqueta "folleto informativo".

ciento doce

MÁS CONTEXTOS

Nombre: _____ Clase: _____

Fecha: _____ / _____ / _____

1 🎧 Lee la siguiente petición e identifica a quién(es) está dirigida. Subraya la respuesta en el texto.

A la Municipalidad de Santiago de Chile:

Desde hace más de cinco años venimos trabajando para que el terreno ubicado entre las calles Carmen y Santa Rosa vuelva a ser de la comunidad que lo habita, para que allí podamos construir viviendas, una cancha, áreas verdes y una escuela pública comunitaria.

Más que un sueño, ese es un deseo de hacer valer nuestros derechos a vivienda, ocio y educación, construyendo un barrio que satisfaga las necesidades de las personas que lo habitan. Vivir dignamente en un ambiente sano y seguro, con áreas de esparcimiento destinadas a la práctica de deportes y acceso a la educación, son condiciones básicas para todos los ciudadanos.

Por todo ello, solicitamos la recuperación y utilización adecuada de ese terreno.

A la espera de su respuesta, saludamos a ustedes muy atentamente,

Junta vecinal "Adelanto y Progreso"
del Barrio Franklin

> **Género textual: petición**
> Consiste en una solicitud que se hace a las autoridades competentes. La petición puede ser de interés particular (individual) o general (colectiva). Es un derecho reconocido en la Constitución. En Brasil, por ejemplo, lo garantiza el artículo 5.º, inciso XXXIV, apartado "a", de la Constitución Federal. Cuantos más argumentos se planteen, más fuerza tendrá la petición ante el organismo al que se la presente. También es posible crear y firmar peticiones en plataformas en línea, servicio que crece cada vez más como un instrumento de movilización social.

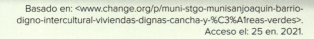

Basado en: <www.change.org/p/muni-stgo-munisanjoaquin-barrio-digno-intercultural-viviendas-dignas-cancha-y-%C3%A1reas-verdes>.
Acceso el: 25 en. 2021.

ciento trece

2 Contesta las preguntas según el texto.

a ¿Quién es el solicitante, o sea, el autor de la petición?
_____

b ¿Se trata de una petición de interés general o particular?
_____

c La petición tiene como objetivo solicitar que un terreno vuelva a pertenecer a la comunidad. ¿Qué destino espera darle la junta vecinal?
_____
_____

d Toda petición presenta argumentos como fundamentación. ¿En qué argumento se basó la entidad solicitante?
_____
_____

3 Si identificases un problema que afecta a tu barrio, ¿a quién(es) se lo reclamarías? Marca la(s) alternativa(s) correcta(s).

a ☐ A la Intendencia Municipal.
b ☐ A la Junta vecinal.
c ☐ Al Congreso del Estado.
d ☐ Al Gobierno del Estado.
e ☐ Al Congreso Federal.
f ☐ A la Presidencia de la República.

4 Responde a las siguientes preguntas.

a ¿De qué forma harías una reclamación sobre problemas que afectan a tu barrio?
_____
_____

b ¿Lo harías solo o te unirías a otros habitantes del barrio? ¿Por qué?
_____
_____

5 Piensa en un problema que afecte al barrio donde está tu colegio y redacta una petición a las autoridades municipales para tratar del problema. No te olvides de aclarar el objetivo de la petición, utilizar argumentos para fundamentarla e identificarte como solicitante.

114 ciento catorce

MÁS CONTEXTOS

Nombre: _____ Clase: _____
Fecha: _____ / _____ / _____

1 Observa la secuencia de imágenes y lee el texto que las acompaña. Luego señala la opción correcta.

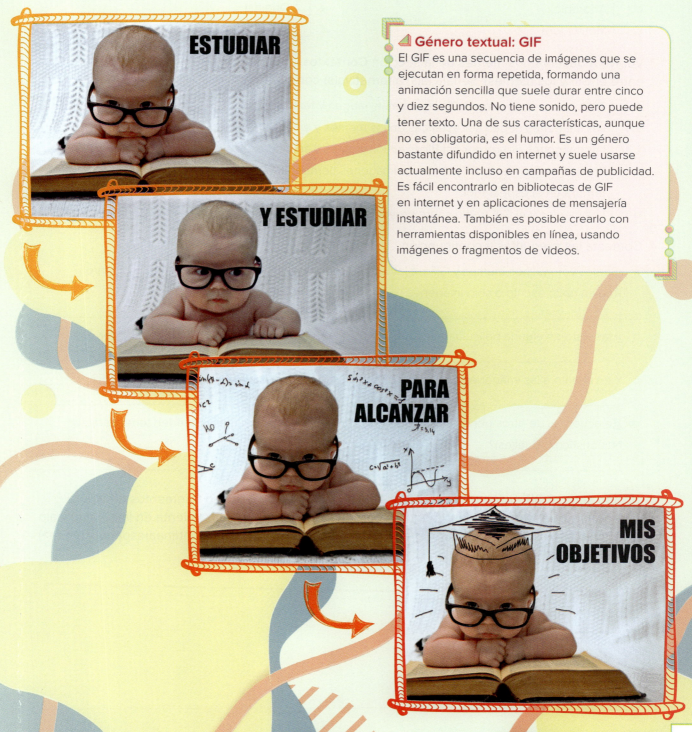

◢ **Género textual: GIF**
El GIF es una secuencia de imágenes que se ejecutan en forma repetida, formando una animación sencilla que suele durar entre cinco y diez segundos. No tiene sonido, pero puede tener texto. Una de sus características, aunque no es obligatoria, es el humor. Es un género bastante difundido en internet y suele usarse actualmente incluso en campañas de publicidad. Es fácil encontrarlo en bibliotecas de GIF en internet y en aplicaciones de mensajería instantánea. También es posible crearlo con herramientas disponibles en línea, usando imágenes o fragmentos de videos.

ciento quince

- a ☐ Estas imágenes no pueden componer un GIF porque no son fragmentos de video, sino fotografías.
- b ☐ Como las imágenes y el texto no tienen carácter humorístico, no podrían emplearse en la producción de un GIF.
- c ☐ Cuando se reproducen juntas en secuencia, estas imágenes forman un GIF. Aquí, por ser un soporte impreso, aparecen como imágenes estáticas.

2 ¿Qué adjetivo(s) usarías para describir esa secuencia de imágenes?

- a ☐ Graciosa.
- b ☐ Adorable.
- c ☐ Motivadora.
- d ☐ Creativa.
- e ☐ Original.
- f ☐ Otro: _____

3 Vuelve a observar los memes de la sección **Contextos**. ¿Cuáles son las semejanzas y diferencias entre el GIF y los memes? Señala la(s) alternativa(s) correcta(s).

- a ☐ Tanto los memes como el GIF combinan imagen y texto.
- b ☐ Las imágenes deben ser estáticas en los memes y en el GIF.
- c ☐ Las imágenes deben ser estáticas en los memes y animadas en el GIF.
- d ☐ En los memes y en el GIF, el uso de imágenes tiernas, como bebés y animales, provoca simpatía y ternura en el espectador.
- e ☐ Los memes y el GIF tratan sobre proyecto de vida y futuro.

4 Contesta las preguntas a continuación.

- a ¿Sueles ver muchos memes y GIF en internet? ¿Recuerdas cómo eran los que más te gustaron? ¿Tenían texto escrito o solo imágenes?
  _____
- b ¿Has visto en alguna película un fragmento que te gustaría transformar en GIF? ¿Cuál y por qué?
  _____
- c Y en cuanto a las imágenes que tienes en el celular, ¿cuáles usarías para componer un GIF?
  _____
- d ¿Te acuerdas de otros géneros textuales que combinan texto e imagen y pueden tener carácter humorístico? ¿Cuál(es)?
  _____

5 ¿Cómo sería el GIF sobre tu proyecto de vida? Indica qué imágenes o fragmentos de video buscarías y qué textos usarías. Luego elabora tu GIF usando una herramienta en línea, publícalo en alguna página web y compártelo en la Plataforma Ventana (<www.ventanaalespanol.com.br>) con la etiqueta "GIF".

CUADERNO DE ACTIVIDADES

Nombre: _____ Clase: _____
Fecha: _____ / _____ / _____

¡A EMPEZAR!

1 Antes de leer el texto, contesta las siguientes preguntas.

- **a** ¿Para qué usas las aplicaciones de celular?
  - ☐ Cultura.
  - ☐ Diversión.
  - ☐ Estudio.
  - ☐ Organización.
  - ☐ Salud.
  - ☐ Otros usos.

- **b** ¿Conoces alguna aplicación relacionada con el cuidado del medioambiente? En caso afirmativo, ¿cómo es? En caso negativo, ¿cómo crees que podría ser una aplicación de ese tipo?
  _____
  _____

2 Lee el texto y subraya la(s) aplicación(ones) que utilizarías.

Apps para cuidar el medioambiente

Cada vez más están disponibles *apps* que facilitan nuestra rutina y nos brindan diferentes funciones. Con el tema del medioambiente no es diferente: existen diversas aplicaciones que tratan desde cómo disminuir el consumo de plástico hasta cómo promover el plantío de árboles. Tener estas herramientas en tu teléfono móvil puede ser una manera de ayudar a cuidar el planeta. Conoce algunas aplicaciones que te recomendamos.

Ecosia: es un buscador ecológico que planta y protege árboles. La aplicación dona el 80 % de sus ganancias por publicidad a programas de reforestación que son seleccionados por su equipo. Desde su creación, ya ha plantado millones de árboles en diferentes lugares del mundo.

Go Green Challenge: indica al usuario una serie de tareas semanales y diarias que dejarán su rutina más sostenible y disminuirán el impacto en el medioambiente.

My Little Plastic Footprint: ayuda a disminuir el consumo de plástico, un producto que impacta tanto en el medioambiente. Recomienda alternativas más sostenibles de acuerdo con los diferentes sectores de la vida: casa, ocio, viajes, etc.

Basado en: <https://androidayuda.com/aplicaciones/listas/apps-reciclar-android/> y <www.rtve.es/playz/20200914/ecosia-buscador-ecologico/2042135.shtml>. Acceso a ambos el: 15 dic. 2020.

APRENDER MEJOR

Al realizar la lectura, toma nota de los aspectos más relevantes y relaciónalos con el tema principal del texto.

3 Contesta las siguientes preguntas sobre el texto.

- **a** ¿Cómo ayudan a proteger el medioambiente las aplicaciones mencionadas?
  _____
  _____

- **b** ¿Qué aplicación para el cuidado ambiental crearías? Indica su nombre y funcionalidad.
  _____

ciento diecisiete 117

4 Busca otras aplicaciones que promuevan el cuidado del medioambiente y apunta sus informaciones principales. 🌐

_____
_____

CAJÓN DE LETRAS

1 Clasifica las imágenes en P (problemas) o S (soluciones) ambientales. Luego escribe lo que representa cada imagen.

_____

_____

2 Apunta soluciones para los problemas representados en la actividad anterior.

_____
_____

3 🎧 Escucha los relatos y escribe los problemas ambientales correspondientes.

a _____
b _____
c _____

4 Escribe cuáles son:

  a los mayores problemas ambientales en nuestro país. _____
  b las posibles formas de solucionarlos. _____

118 | ciento dieciocho

CUADERNO DE ACTIVIDADES

Nombre: _____ Clase: _____

Fecha: _____ / _____ / _____

1 Completa las frases con los verbos del recuadro conjugados en Presente de Subjuntivo.

> aprender   consumir   cuidar   lograr   permitir

a Tal vez _____ más de lo necesario. [nosotros]
b Ojalá _____ tener hábitos más sostenibles. [ellas]
c Espero que un día realmente _____ nuestro planeta. [nosotros]
d Es posible que no _____ más el uso de bolsas plásticas. [él]
e Deseo que con este taller _____ a reciclar algunos productos. [tú]

2 Lee el texto de las campañas y haz un círculo alrededor de los verbos en Presente de Subjuntivo.

3 Escribe un eslogan para una campaña de preservación ambiental usando verbos en Presente de Subjuntivo.

_____

ciento diecinueve 119

LENGUA EN USO

1 🎧 052 Escucha los *spots* y escribe hipótesis sobre qué tema tratan.

a _____
b _____
c _____
d _____

2 Observa las imágenes y escribe qué acciones deben realizarse para evitar o revertir estos daños causados al planeta.

¡ACÉRCATE!

1 🎧 053 Escucha los diálogos y relaciónalos con las funciones del artículo neutro "lo".

☐ "Lo" como intensificador de un adverbio.
☐ "Lo" como intensificador de un adjetivo.
☐ "Lo" se refiere a una idea ya expresada o que se va a expresar.
☐ "Lo" se refiere a algo ya conocido por los hablantes.

120 ciento veinte

CUADERNO DE ACTIVIDADES

Nombre: _____ Clase: _____

Fecha: _____ / _____ / _____

2 ¿Qué dicen las personas en las imágenes? Usa el artículo neutro con las siguientes funciones.

a "Lo" se refiere a una idea ya expresada o que se va a expresar.
b "Lo" se refiere a algo ya conocido por los hablantes.
c "Lo" aumenta la intensidad del adjetivo.
d "Lo" aumenta la intensidad del adverbio.

CONTEXTOS

1 Antes de leer el reportaje, obsérvalo e indica qué elementos están faltando.

_____

2 Lee este reportaje y haz un círculo alrededor de lo que se puede crear a través del reciclaje.

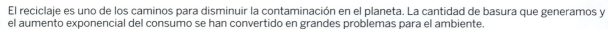

_____

_____

El reciclaje es uno de los caminos para disminuir la contaminación en el planeta. La cantidad de basura que generamos y el aumento exponencial del consumo se han convertido en grandes problemas para el ambiente.

Conforme expone Laura Tuck, vicepresidenta de Desarrollo Sostenible del Banco Mundial, "los recursos que tenemos deben usarse y reutilizarse continuamente, de manera que no terminen en los vertederos". Bajo esta perspectiva, algunas iniciativas de dar una segunda vida a los residuos ya se desarrollan alrededor del mundo: edificios construidos con basura, botellas que se transforman en accesorios de moda, neumáticos que se convierten en zapatos, entre otros.

Eko-REC es una de esas empresas que tienen como objetivo el desarrollo sostenible. De origen español, la institución se dedica a transformar botellas de PET en otros productos, como gafas, portadocumentos, alfombras y salpicaderas para autos.

Del mismo modo, Miniwiz, una empresa fundada por un ingeniero de Taiwan, utiliza procesos innovadores para transformar los desechos industriales y domésticos en material para construcción. Algunos de sus proyectos más reconocidos son House of Trash, una casa en Milán con artículos de decoración producidos con basura, y el pabellón EcoARK, un museo que fue armado con un millón y medio de botellas de plástico.

Vale destacar que las posibilidades que ofrece el reciclaje no se agotan por ahí. Reutilizar y/o reciclar los residuos supone un ahorro de recursos naturales y también de gasto energético y financiero en la fabricación de productos.

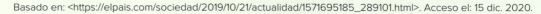

Basado en: <https://elpais.com/sociedad/2019/10/21/actualidad/1571695185_289101.html>. Acceso el: 15 dic. 2020.

ciento veintiuno 121

3 Completa el texto con los elementos faltantes.

4 Apunta cómo se pueden reutilizar los materiales a continuación. Si es necesario, investígalo.

   a Botella de vidrio: _____
   b Cartón: _____
   c Caja de plástico: _____
   d Lata de gaseosa: _____
   e Cáscara de frutas: _____

5 Contesta las preguntas.

   a ¿Cómo son la recolección de basura y el reciclaje en tu región?
   _____

   b ¿Cómo realizas la separación de basura en tu casa?
   _____

   c ¿Qué producto(s) hecho(s) de materiales reciclados ya has utilizado?
   _____

¡AHORA TÚ!

1 Escribe un titular y un texto breve para un fotorreportaje sobre el medioambiente. Elige imágenes que sean coherentes con el texto.

122 ciento veintidós

CUADERNO DE ACTIVIDADES

Nombre: _____ Clase: _____
Fecha: _____ / _____ / _____

1 Lee el texto y contesta: ¿qué significa el término "masivo"?
_____

Los medios masivos de comunicación

Algunos medios de comunicación nos ofrecen la capacidad de transmitir mensajes a un gran número de personas en forma simultánea. A estos se les llama "medios masivos" de comunicación o "medios de masas", ya que el término "masa" se refiere a un conjunto grande de personas.

Cuando se envía un correo electrónico o se hace una llamada telefónica, por ejemplo, el mensaje está dirigido a una o más personas específicas. Eso no es lo que pasa, sin embargo, con medios como la televisión, la radio, los periódicos e internet. En estos es posible informar, entretener e incluso educar a una gran cantidad de gente a la vez.

De esa manera, los contenidos producidos para transmisión por medios masivos deben tener en cuenta la heterogeneidad de la audiencia, conformada por personas con características, gustos e intereses distintos. Si el objetivo es alcanzar al mayor número posible de personas, ya sea por razones publicitarias, económicas, políticas, culturales u otras, conviene considerar en la producción de los contenidos esas diferencias.

Con la transformación digital, se ha hecho posible dirigir contenidos a determinados grupos de personas de acuerdo con sus intereses. Así pues, si haces muchas búsquedas sobre contenidos relacionados, por ejemplo, con literatura y arte, o sueles dar "me gusta" a publicaciones que hablan de estos asuntos, es probable que recibas correos electrónicos, sugerencias de artículos o páginas en redes sociales e incluso veas anuncios publicitarios asociados a esos temas.

Con ese avance tecnológico, medios como la televisión, la radio y los periódicos y revistas impresos han tenido que adaptarse al universo digital, y han pasado a producir contenidos y a ofrecer canales de comunicación e información también en internet.

Basado en: <https://concepto.de/medios-masivos-de-comunicacion/>. Acceso el: 8 en. 2021.

2 Lee las afirmaciones y señala la(s) alternativa(s) correcta(s).

a ☐ Los medios masivos transmiten mensajes a un gran número de personas a la vez.

b ☐ El correo electrónico y el teléfono son ejemplos de medios de comunicación de masas.

c ☐ La televisión y los periódicos logran informar a muchas personas simultáneamente.

d ☐ La heterogeneidad del público no debe influir en la producción de los contenidos.

3 Contesta las preguntas sobre el texto.

a ¿Por qué los medios de comunicación deben tener en cuenta las diferencias de intereses y características del público?
_____

b En internet, ¿cómo se identifican los temas que son de interés de cada usuario?
_____

ciento veintitrés 123

CAJÓN DE LETRAS

1 Escribe de qué forma se comunican las personas en cada imagen.

2 Lee la siguiente publicación y contesta las preguntas. Luego escribe un comentario.

a ¿Qué tecnología de comunicación se ha utilizado?
_____

b ¿Cuántas reacciones tiene la publicación? ¿Y cuántos comentarios?
_____

c ¿Sobre qué tema trata la publicación y la página que hizo la publicación?
_____

d Si el usuario quiere mostrar la publicación a sus amigos, ¿qué opción debe pulsar?
_____

CUADERNO DE ACTIVIDADES

Nombre: _____ Clase: _____

Fecha: _____ / _____ / _____

¡ACÉRCATE!

1 Completa las frases con los verbos en Presente de Subjuntivo.

a Es importante que _____ los medios de comunicación modernos. [conocer – tú]

b No importa cuántas personas te _____ en las redes sociales; siempre debes publicar videos interesantes. [seguir]

c Tal vez no _____ usar muy bien las redes sociales y, por eso, no te dejó ningún comentario. [saber – él]

d Es normal que tus actividades en internet _____ en los anuncios y las sugerencias de páginas que ves. [influir]

2 Observa las imágenes y forma frases con los verbos y adverbios de cantidad indicados.

a
Me encanta leer
114 Siguiendo   1973 Seguidores

[tener / casi] _____
_____
_____

b
[trabajar / demasiado] _____
_____

3 Escucha y apunta el verbo en Presente de Subjuntivo y el adverbio de cantidad de cada frase.

a _____ ; _____.   d _____ ; _____.
b _____ ; _____.   e _____ ; _____.
c _____ ; _____.   f _____ ; _____.

4 Escucha nuevamente la grabación y contesta las preguntas.

a ¿Cuáles son las frases que expresan deseos?
_____

b ¿Cuáles expresan hipótesis y probabilidad?
_____

ciento veinticinco 125

LENGUA EN USO

1 Imagínate que quieres empezar en una red social una campaña de concienciación sobre buenos hábitos en el uso de las redes. Completa la publicación con el texto que te parezca apropiado.

2 Relaciona los siguientes íconos, muy usuales en los medios de comunicación modernos, con las funciones que les corresponden.

- a ▭ Enviar *stickers* en aplicaciones de mensajería instantánea.
- b ▭ Hacer videollamadas en aplicaciones de mensajería instantánea.
- c ▭ Acceder al menú de una página en internet.
- d ▭ Darle "me gusta" a una imagen en una red social.
- e ▭ Aumentar el *zoom* de una página en internet.
- f ▭ Enviar archivos en aplicaciones de mensajería instantánea.

3 Lee las frases y marca 1, si expresan deseos, y 2, si se refieren a hipótesis o probabilidades.

- a ▭ Tal vez algunos alumnos no estén en la clase virtual por no tener una buena conexión a internet.
- b ▭ Es probable que la campaña tenga una buena repercusión en las redes sociales.
- c ▭ Ojalá consigas contestar todos esos correos electrónicos a tiempo.
- d ▭ Probablemente empecemos la videoconferencia con los asuntos más urgentes.
- e ▭ Espero que me traigan pronto el equipo de sonido para que podamos grabar los videos de nuestro canal.
- f ▭ Quizás las redes sociales sean el futuro de los medios de comunicación.

CUADERNO DE ACTIVIDADES

Nombre: _____ Clase: _____

Fecha: _____ / _____ / _____

¡ACÉRCATE!

1 Observa el meme y completa la frase con "muy" o "mucho(a/s)".

2 🔊 Escucha la conversación y apunta los fragmentos en que aparezcan "muy" o "mucho(a/s)", como en el ejemplo.

Ejemplo: Muy preocupante.

a _____
b _____
c _____
d _____
e _____
f _____
g _____

3 Ahora completa las frases con "muy" o "mucho(a/s)". Luego relaciónalas con las imágenes que correspondan.

a A mi madre le gusta _____ seguir páginas de gastronomía en las redes sociales.

b Estamos _____ contentos con el éxito de nuestro canal en internet.

c Hacía _____ tiempo que no veía un teléfono fijo de ese modelo.

d Tenemos _____ medios de comunicación, pero mi favorito sigue siendo la radio.

e En el tercer episodio del pódcast de literatura dieron _____ sugerencias interesantes de libros de autores brasileños.

f La conexión está mal. Los videos se cargan _____ despacio, mira.

ciento veintisiete **127**

1. Observa los gráficos y los elementos visuales a continuación. Relaciona cada uno con el texto que podría acompañarlos en una infografía basada en los datos de una encuesta.

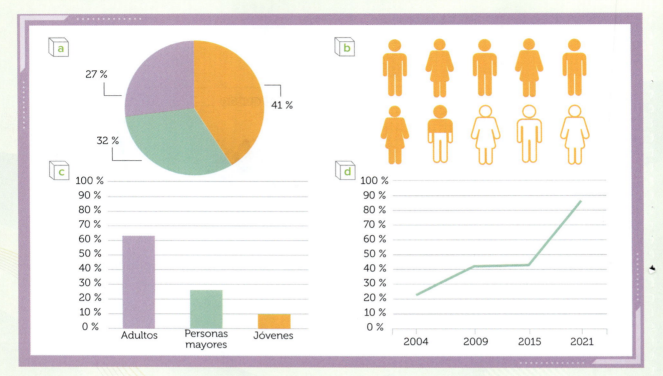

☐ De las personas que escuchan radio al menos tres veces a la semana, más del 60 % tiene entre 35 y 55 años.

☐ Poco más del 40 % de los encuestados dice no confiar en las noticias que reciben por aplicaciones de mensajería instantánea.

☐ Un 65 % de los entrevistados no consigue estar más de dos horas sin mirar su celular.

☐ En menos de veinte años cuadruplicó el número de personas que tiene al menos una red social.

1. Imagina que has realizado una encuesta con los resultados de la sección anterior. Elabora una infografía breve con esos elementos. No te olvides de crear un título. Puedes usar colores en el fondo y en partes del texto para destacarlo. Si no quieres dibujar y pintar, puedes imprimir y recortar los elementos visuales de la infografía. Apunta tus ideas aquí y luego haz la infografía en el cuaderno o en una hoja aparte.

CUADERNO DE ACTIVIDADES

3

Nombre: _____ Clase: _____

Fecha: _____ / _____ / _____

¡A EMPEZAR!

1 Lee el texto y complétalo con las palabras del recuadro.

consumo   dinero   finanzas   pagar   producto   reciclar

Yo consumo, el comercio se alegra y... ¿el planeta sufre?

Mi última publicación, Un mes sin compras, hizo que llovieran preguntas sobre mi relación con el _____. No, no soy de aquellas personas para las cuales las _____ son un tabú. Sí, creo que el dinero es algo útil. Fíjense: he dicho "útil", ni menos ni más. Estudio para tener una profesión, trabajar en algo que me gusta para mantenerme, _____ mis cuentas, ser feliz. Sin embargo, tengo algunos principios que me enseñaron desde niña para elegir lo que _____: en primer lugar, si de verdad necesito algo o si me estoy dejando llevar por alguna influencia externa. Luego me preocupo con lo que hay por detrás del _____ o servicio que me interesa: si quien lo produce tiene un comportamiento ético; si se preocupa por las cuestiones ambientales; cuáles fueron las condiciones de trabajo en la línea de producción; si es algo de calidad que va a durar el tiempo necesario; si lo podré reaprovechar; si se podrá _____.

El beneficio no puede ser solamente mío. Al fin y al cabo, no soy la única. La idea no es "si es bueno para todos será bueno para mí". Al revés, pienso: "si es malo para alguien, ¿será bueno para mí?". Así de simple.

2 Señala la opción correcta de acuerdo con el texto.

a   El tema del consumo consciente siempre estuvo presente en la vida de la autora del blog.
b   El tema del dinero es una de sus obsesiones.
c   Antes de consumir, la autora analiza aspectos como real necesidad, cuestiones éticas y ambientales.
d   El reciclaje está entre las prácticas adoptadas por la autora del blog.

☐ Está correcta solamente la afirmación "c".
☐ Están correctas solamente las afirmaciones "a" y "d".
☐ Están correctas las afirmaciones "a", "b" y "d".
☐ Están correctas las afirmaciones "a", "c" y "d".
☐ Todas las afirmaciones están correctas.

ciento veintinueve

CAJÓN DE LETRAS

1 Apunta el nombre de los elementos que aparecen en las imágenes.

a _____   b _____   c _____

2 Haz un círculo alrededor de las palabras que completan correctamente las frases.

a —Quiero leer el libro que mencionó el profesor de Arte. ¿Lo has comprado?
—No, lamentablemente la edición se ha agotado. Voy a **pedirlo prestado** / **alquilarlo** en la biblioteca del colegio.

b Pienso que **el gasto** / **el ahorro** de una cantidad por mes me ayudará a realizar mi sueño de viajar a otros países.

c No siempre un precio más bajo es sinónimo de que hemos hecho una buena **compra** / **venta**. Hay que considerar también la calidad del producto.

d Me quiero comprar unas zapatillas nuevas, pero voy a esperar a que empiecen las **inversiones** / **rebajas** de final de temporada.

e Antes de tomar un préstamo, conviene comparar los **intereses** / **precios** que cobra cada banco.

3 Completa con las palabras que faltan a partir de las letras iniciales dadas.

> La crisis en 2020 y 2021 fue responsable por muchos cambios en los hábitos de c_____: de repente la gente se dio cuenta de que debía preocuparse más por su salud y bienestar, incentivar las c_____ en el c_____ local, consumir con consciencia y sin d_____. Las compras en línea cobraron fuerza y las formas de p_____ electrónicas se popularizaron.

4 🔊 Escucha la recomendación de dos películas y contesta las preguntas.

a ¿Qué reflexión plantea la película *Wall-E*?
_____
_____

b ¿Cuál es el estilo de vida retratado en el documental? ¿En qué consiste?
_____
_____

c ¿Cómo impacta ese estilo en las finanzas personales?
_____
_____

CUADERNO DE ACTIVIDADES

Nombre: _____ Clase: _____

Fecha: _____ / _____ / _____

¡ACÉRCATE!

1 Conjuga los verbos en Condicional Simple de Indicativo en las personas indicadas.

a Consumir – ellos: _____.

b Vender – yo: _____.

c Prestar – nosotras: _____.

d Invertir – vosotros: _____.

e Hacer – yo: _____.

f Tener – ellas: _____.

g Ayudar – él: _____.

h Deber – nosotros: _____.

i Alquilar – usted: _____.

j Comprar – tú: _____.

2 Utiliza tres verbos de la actividad anterior para completar el diálogo.

¿_____ una prenda de ropa u otro objeto producido en condiciones de explotación?

¡No, nunca _____ eso! ¿Por qué me lo preguntas?

Porque muchos tienen en cuenta solo el precio. Como consumidores responsables, _____ preguntarnos siempre qué oculta una ganga: trabajo esclavo, daños ambientales, evasión fiscal...

LENGUA EN USO

1 Transforma las frases para dar consejos usando la estructura "yo que tú/yo en tu lugar" + Condicional Simple de Indicativo.

Ejemplo: ¿Por qué no ahorras un poco más?
Yo que tú/Yo en tu lugar ahorraría un poco más.

a ¿Y si no haces ese préstamo?
_____

b ¿Por qué no pagas al contado?
_____

c Creo que debes elegir el modelo más económico.
_____

d ¡No compres más ropa, no te dejes llevar por la moda!
_____

ciento treinta y uno 131

2 🔊 Escucha las situaciones y escribe un consejo para cada problema planteado usando el Condicional Simple de Indicativo.

a _____

b _____

c _____

3 Relaciona las acciones con las imágenes que correspondan. Luego identifica cuáles de ellas representan formas de consumo consciente.

a Antes de ir de compras, hago una lista de lo que voy a necesitar. Así evito comprar productos de más que pueden caducar en la despensa. 👍 👎

b Siempre me olvido de llevar la bolsa de tela al supermercado; por eso llego a casa con muchas bolsas plásticas. 👍 👎

c Si no tengo recursos suficientes en el momento, pero quiero comprar, no me preocupo, uso una de las tarjetas de crédito. 👍 👎

d Antes de comprar una prenda de ropa, veo si es posible reutilizar o reparar la que ya tengo. Si no la voy a usar más, la dono. 👍 👎

 ¡ACÉRCATE!

1 Busca en la sopa de letras cuatro verbos en Pretérito Imperfecto de Subjuntivo y cuatro en Condicional Simple de Indicativo.

132 ciento treinta y dos

CUADERNO DE ACTIVIDADES

Nombre: _____ Clase: _____

Fecha: _____ / _____ / _____

2 Ahora utiliza los verbos que has encontrado en la sopa de letras para completar las oraciones condicionales.

    a Si mi hermana no _____ tanta ropa, _____ más dinero ahorrado.

    b Si sus padres le _____ el valor de las cosas, no _____ tan derrochador.

    c Si aquella tienda me _____ descuentos, solo _____ allí.

    d Si la gente _____ de valorar tanto los productos extranjeros, la economía local _____ mejor.

3 Reescribe las oraciones "b" y "d" de la actividad anterior transformándolas en condiciones posibles de realizarse y con consecuencias hipotéticas en el futuro.

_____
_____

4 Elige la opción correcta.

    a Si compro con descuento...
        ☐ me sobra más dinero.
        ☐ me sobraría más dinero.

    b Si se preocupan solo por las ganancias...
        ☐ no tendrán tantos clientes fieles.
        ☐ no tendrían tantos clientes fieles.

    c Si esta ropa no fuese tan cara...
        ☐ me la compraré.
        ☐ me la compraría.

5 ¿Cómo reescribirías las oraciones "a" y "b" de la actividad anterior para que la otra opción de respuesta fuese la correcta?

_____
_____

6 Completa las oraciones conjugando los verbos en Pretérito Imperfecto de Subjuntivo.

    a ¡Ojalá la gente no se _____ llevar solo por la publicidad! [dejar]

    b Me gustaría que mis amigos _____ mejor sus gastos. [planear]

    c Si esta camiseta _____ una mejor calidad, valdría más. [tener]

    d Si las personas _____ un poco más conscientes, se preocuparían en ahorrar energía. [ser]

7 Lee otra vez las oraciones de la actividad anterior y contesta: ¿cuáles expresan deseos que tienen poca posibilidad de realizarse?

_____

ciento treinta y tres   133

CONTEXTOS

1 Lee y ordena el diálogo. La primera frase ya está dada.

a ⸺¡Mira, Martina! Con el dinero que me dio la abuela pude comprarme tres camisetas y este vestido. ¿Qué te parece?

☐ ⸺¡Pero fueron cuatro prendas por el precio de una!

☐ ⸺¿Y qué mal hay en usarlas poco?

☐ ⸺Bien, para ti, probablemente, ninguno. ¿Pero ya has pensado en cómo se produce ese tipo de ropa? Te sugiero investigar un poco... Hay mucho por detrás de productos tan baratos como esos.

☐ ⸺Elena, ¡no puedo creer que fuiste de nuevo a esa tienda de moda rápida! La última vez, la ropa que compraste allí no aguantó un lavado.

☐ ⸺¡Exacto! ¿No te pasó por la cabeza que la calidad de esos productos no es nada buena?

☐ ⸺No he dicho que no sea linda, sino que deberías pensar un poco si lo que quieres es usarla una sola vez.

☐ ⸺Puede ser, pero... ¡tienen ropa tan linda!

2 ¿Cómo crees que ha terminado la conversación? Escribe una continuación.
___
___
___

3 ¿Te identificas con la opinión de alguna de las chicas? ¿Por qué?
___
___

¡AHORA TÚ!

1 A Elena le gusta la "moda rápida". ¿Ya habías escuchado ese concepto? Investígalo y escribe tu opinión respecto a ese tema.

134 ciento treinta y cuatro

CUADERNO DE ACTIVIDADES

Nombre: _____ Clase: _____

Fecha: _____ / _____ / _____

1 Vas a leer un texto sobre *mindfulness*. Busca en internet informaciones sobre este tema y haz una nube de palabras con los conceptos clave.

2 Lee el texto y complétalo con las palabras del recuadro.

| beneficios | bienestar | emociones | mente | paciencia | respiración |

Mindfulness: una posibilidad para incentivar el autoconocimiento de los alumnos

¿Ya has empezado a estudiar manteniéndote en silencio, con los ojos cerrados y concentrándote en tu _____ y en el momento presente? Este tipo de ejercicio es parte de una tendencia que busca mejorar el _____ y la concentración de los individuos: el *mindfulness*.

Este término, que se puede traducir como "atención plena", define una práctica que tiene como objetivo el desarrollo de la habilidad de estar atento únicamente al presente, permitiendo que uno reconozca los pensamientos y _____ que componen su mente a cada instante.

Algunas escuelas alrededor del mundo han incorporado esta técnica y la ven como una forma de incentivar a sus alumnos a conectarse con su _____ y su cuerpo y entender el porqué de sus comportamientos y pensamientos.

Entre los _____ del *mindfulness* se pueden destacar: mejora de la atención, concentración, creatividad y rendimiento académico; autorregulación de las emociones; aumento de la capacidad de introspección; desarrollo de la compasión, _____ y alegría por su bienestar y el de los compañeros.

Diversos estudios científicos han demostrado que, cuanto más presente está una persona en su propia vida, mayor es su paz interior y su curiosidad vital y menor es su estrés y ansiedad.

Basado en: <www.elpais.com.co/educacion/mindfulness-en-la-una-tecnica-para-reducir-el-estres-y-la-ansiedad-en-los-jovenes.html> y <www.milenio.com/opinion/luis-duran/columna-luis-duran/mindfulness-en-las-escuelas>. Acceso a ambos el: 27 abr. 2021.

APRENDER MEJOR

Durante la lectura, emplea algunas estrategias para comprender mejor el texto: identifica el tema, subraya las ideas principales y relaciónalas con tus conocimientos sobre el asunto.

ciento treinta y cinco 135

3 Contesta las preguntas a continuación.

a ¿Por qué algunas escuelas han incorporado la práctica del *mindfulness*?
_____
_____

b ¿Cuál de los beneficios de esta práctica te pareció más interesante? ¿Por qué?
_____

CAJÓN DE LETRAS

1 Completa el crucigrama con los comportamientos y valores antónimos.

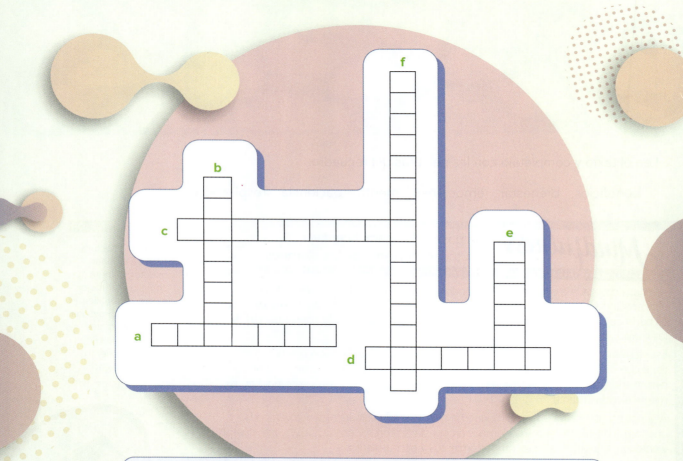

a Deslealtad.
b Injusticia.
c Desesperanza.
d Inmadurez.
e Cobardía.
f Irresponsabilidad.

2 🎧 Escucha el diálogo y apunta los valores que menciona cada joven.

a Isabela: _____
b Miguel: _____
c Juan: _____

CUADERNO DE ACTIVIDADES

Nombre: _____ Clase: _____

Fecha: _____ / _____ / _____

¡ACÉRCATE!

1 Lee las siguientes frases sobre la amistad y haz un círculo alrededor de los verbos en Imperativo afirmativo.

a Valora más dos manos que te abrazan en tus momentos de tristeza que mil manos aplaudiendo tus éxitos.

b Reconocer los errores es de sabios; perdonarlos, de amigos. ¡Di no al rencor!

c Tómate tiempo para escoger un amigo, pero sé más lento aún para cambiarlo.

2 ¿Qué frase de la actividad anterior sobre la amistad te ha gustado más? ¿Por qué?
_____

3 Completa el decálogo conjugando los verbos del recuadro en "tú" en Imperativo afirmativo.

aprender   celebrar   compartir   confiar   decir   demostrar   guardar   hacer   respetar   ser

Decálogo de la amistad

1. _____ a perdonar.
2. _____ los secretos.
3. _____ tú mismo.
4. _____ en el otro.
5. _____ siempre la verdad.
6. _____ las alegrías y tristezas.
7. _____ los gustos y opiniones diferentes de los tuyos.
8. _____ afecto y cariño.
9. _____ los logros de tus amigos.
10. _____ feliz a tu amigo.

4 Ahora conjuga los verbos de la actividad anterior en "nosotros(as)" en Imperativo afirmativo.
_____
_____

ciento treinta y siete 137

LENGUA EN USO

1 🎧059 Escucha la entrevista y escribe los pedidos que se hacen.

a Entrevistado 1: _____
b Entrevistado 2: _____
c Entrevistado 3: _____
d Entrevistado 4: _____
e Entrevistado 5: _____

2 Y a ti, ¿qué te piden en este momento tu mente y tu cuerpo?
_____

3 Escribe consejos a las personas que están pasando por las situaciones a continuación.

a Un nuevo alumno ha llegado a mi escuela. Es extranjero y sus costumbres son muy diferentes de las mías.
_____
_____

b Necesito estudiar, pero lo que tengo ganas de hacer es seguir viendo mi serie preferida. No logro concentrarme.
_____
_____

4 🎧060 Escucha algunas instrucciones para ser más feliz y complétalas con los verbos que faltan. Luego indica el(los) ítem(s) que tienes que desarrollar más.

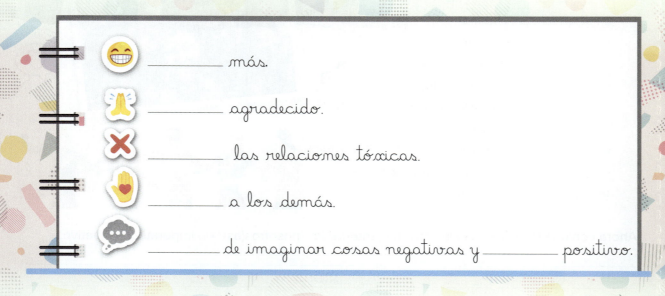

_____ más.

_____ agradecido.

_____ las relaciones tóxicas.

_____ a los demás.

_____ de imaginar cosas negativas y _____ positivo.

CUADERNO DE ACTIVIDADES

Nombre: _____ Clase: _____

Fecha: _____ / _____ / _____

¡ACÉRCATE!

1 Completa las frases con los pronombres del recuadro en la posición correcta.

| la | las | lo | me |

a El autoconocimiento es muy importante y hay diferentes ejercicios para _____ desarrollar_____.

b Las técnicas de *mindfulness* son excelentes. _____ Úsa_____.

c Creo que _____ conozco _____ cada vez más y mejor.

d Me habían recomendado una película sobre emociones. _____ Viéndo_____ me identifiqué con uno de los personajes.

2 Lee otra vez las frases de la actividad anterior y explica la colocación de los pronombres.

a _____
b _____
c _____
d _____

3 Relaciona las frases con los elementos a los cuales hacen referencia los pronombres destacados.

a Escúcha**las** antes de tomar una decisión.
b Desarrollándo**la**, mejoré la imagen que tenía de mí mismo.
c Seguramente debes repensar**los** y cambiar**los**.
d **Lo** denunciaremos a las autoridades.
e Vengo a felicitar**te** por la campaña que has creado contra el acoso.

☐ A ti.
☐ El ciberacoso.
☐ La autoestima.
☐ Los comportamientos inadecuados.
☐ Las opiniones de tus amigos.

4 Lee otra vez las frases de la actividad anterior e identifica:

a dos verbos en infinitivo seguidos de un pronombre.
_____

b un verbo en Imperativo afirmativo seguido de un pronombre.
_____

c un verbo en gerundio seguido de un pronombre.
_____

d un verbo conjugado + un verbo en infinitivo seguido de un pronombre.
_____

ciento treinta y nueve 139

 **CONTEXTOS**

1 Lee el cartel de una campaña e identifica:

a su tema.
_____

b el eslogan.
_____

c los verbos en Imperativo afirmativo utilizados.
_____

 **¡AHORA TÚ!**

1 Elabora un cartel de campaña para combatir el acoso escolar. Piensa en el texto y en la imagen de manera que se complementen y crea un eslogan utilizando el Imperativo afirmativo.

CUADERNO DE ACTIVIDADES

Nombre: _____ Clase: _____

Fecha: _____ / _____ / _____

1. Cuando el escritor José Saramago recibió el Premio Nobel de Literatura, trató en su discurso de los deberes éticos de la humanidad. Lee el texto e identifica a qué derecho corresponde cada uno de esos cinco deberes.

Deberes humanos

① El hambre se debe erradicar para siempre porque la producción de alimentos es suficiente para poner fin a toda el hambre del mundo.

② Una mala educación es la base de los conflictos sociales y la causa de desigualdad, pobreza, salud precaria y problemas ambientales. Debemos erradicar el analfabetismo e impartir educación de calidad.

③ Los medicamentos deben estar al alcance de la población. Los gobiernos tienen la obligación de vigilar que tengan el precio adecuado.

④ Expresar las propias ideas con libertad no exime a nadie del respeto que debe a los otros.

⑤ Todos tenemos el deber de respetar y exigir que se respete la vida y la integridad física, psíquica y moral de todas las personas.

Basado en: <https://verne.elpais.com/verne/verne/2015/10/17/articulo/1445091220_052404.html>. Acceso el: 21 en. 2021.

a. Primera parte: _____
b. Segunda parte: _____
c. Tercera parte: _____
d. Cuarta parte: _____
e. Quinta parte: _____

ciento cuarenta y uno 141

CAJÓN DE LETRAS

1 Relaciona los carteles con su respectivo título.

Día Internacional del Trabajo   Niños y niñas por la protección a la infancia
SOMOS todos IGUALES

CUADERNO DE ACTIVIDADES

Nombre: _____ Clase: _____

Fecha: _____ / _____ / _____

2 ¿De qué derechos humanos tratan los carteles de la actividad anterior?

a _____
b _____
c _____

3 🎧 Escucha los anuncios y relaciónalos con los deberes a que se refieren.

a ☐ Respetar a todas las personas y sus derechos.
b ☐ Respetar la libertad de opinión y expresión.
c ☐ Cuidar el medioambiente.

¡ACÉRCATE!

1 Conjuga los verbos en Imperativo negativo y conoce acciones que no se deben realizar, de acuerdo con la Declaración Universal de Derechos Humanos.

a _____ distinción de raza, color, sexo, idioma, religión, opinión política, origen nacional o social, posición económica o cualquier otra condición. [hacer – tú]

b _____ a nadie a la esclavitud ni a la servidumbre. [someter – vosotros]

c _____ a nadie torturas ni penas o tratos degradantes. [imponer – usted]

d _____ arbitrariamente a nadie. [detener – ustedes]

e _____ a nadie a causa de sus opiniones. [molestar – usted]

f _____ de participar en la elección del gobierno de nuestro país. [dejar – nosotros]

2 Elige un derecho o deber sobre el que hayas estudiado en la unidad y elabora un cartel utilizando el Imperativo negativo. No te olvides de dibujar una imagen que represente el mensaje que quieres transmitir.

ciento cuarenta y tres 143

1 🎧 Escucha la narración y contesta las preguntas.

- **a** ¿Qué opinas sobre la conducta de esos alumnos? ¿La consideras correcta o incorrecta? ¿Por qué?
  _____

- **b** Y tú, ¿cómo actuarías en esa situación?
  _____

2 Relaciona las informaciones e identifica algunos objetivos para que la sociedad sea más justa.

- **a** Abolir completamente
- **b** Lograr la igualdad
- **c** Ofrecer educación
- **d** Proporcionar una vivienda
- **e** Eliminar la discriminación

- ☐ el trabajo esclavo.
- ☐ de calidad a todos los ciudadanos.
- ☐ digna a todos los individuos.
- ☐ por raza, nacionalidad, religión u opinión política.
- ☐ entre hombres y mujeres.

3 🎧 Escucha una propuesta para alcanzar uno de los objetivos mencionados en la actividad anterior y contesta las preguntas.

- **a** ¿A cuál de los objetivos se refiere?
  _____

- **b** Elige uno entre los otros cuatro objetivos. ¿Qué podrían hacer los ciudadanos para alcanzarlo?
  _____
  _____

144   ciento cuarenta y cuatro

CUADERNO DE ACTIVIDADES

Nombre: _____ Clase: _____

Fecha: _____ / _____ / _____

¡ACÉRCATE!

1 Lee el decálogo a continuación. Luego conjuga los verbos en Imperativo afirmativo o negativo en "tú" y sustituye los complementos subrayados por el pronombre que corresponda.

Decálogo del buen ciudadano

1. Respetar siempre las filas.
2. No esparcir noticias falsas.
3. Ayudar a mantener la democracia.
4. No votar a personas corruptas.
5. Ser honesto y exigir la honestidad.
6. Conocer los derechos y cumplir las obligaciones.
7. Cuidar el planeta y el medioambiente.
8. No aceptar la violencia.
9. Compartir información veraz.
10. No discriminar a los ancianos, a las personas con discapacidad, a nadie.

Ejemplos: Respetar siempre las filas: Respétalas siempre.
No esparcir noticias falsas: No las esparzas.

a Ayudar a mantener la democracia: _____

b No votar a personas corruptas: _____

c Ser honesto y exigir la honestidad: _____

d Conocer los derechos y cumplir las obligaciones: _____

e Cuidar el planeta y el medioambiente: _____

f No aceptar la violencia: _____

g Compartir información veraz: _____

h No discriminar a los ancianos, a las personas con discapacidad, a nadie: _____

2 Contesta las siguientes preguntas sobre el decálogo.

a ¿Cuál(es) de las acciones mencionadas en el texto ya realizas?
_____

b ¿Y cuál(es) todavía puedes desarrollar?
_____

ciento cuarenta y cinco 145

CONTEXTOS

1 Lee los mensajes intercambiados en un foro de discusión. Luego marca V, en los argumentos a favor del voto voluntario, y O, en los argumentos a favor del voto obligatorio.

Voto: ¿obligatorio o voluntario?

Mariana G. miembro
¿Qué opinan sobre el voto?
¿Creen que debe ser voluntario u obligatorio?

Raúl A. miembro
Pienso que el voto debe ser solamente un derecho y que la gente debe tener libertad de decidir en qué elecciones quiere participar y en cuáles no. Cuando el Estado nos obliga a votar, está restringiendo nuestra libertad de acción. Si el voto es voluntario, los candidatos tienen que esforzarse más para despertar la atención de los electores y convencerlos. Creo que las elecciones serán mejores cuando seamos verdaderamente libres, porque así solo votarán aquellos que tengan conciencia y estén convencidos de las ideas de un candidato y su proyecto.

Clara N. miembro
En mi opinión, el voto debe ser obligatorio, o sea, no solo un derecho, sino también un deber. La experiencia de algunos países en materia de voto voluntario ha demostrado el aumento del ausentismo en las elecciones. Si los ciudadanos quieren verdaderamente cambiar su país, tienen que participar en la toma de decisiones. Cuando todos van a votar, están representadas todas las clases sociales y todas las franjas etarias. Así, damos voz a todos los sectores de la población.

a ☐ El voto es un derecho ciudadano.
b ☐ El voto es un deber ciudadano.
c ☐ Mayor representación popular.
d ☐ Voto más consciente.

¡AHORA TÚ!

1 Y tú, ¿qué opinas sobre el voto? ¿Crees que debe ser obligatorio o voluntario? ¿Por qué? Personaliza tu avatar, informa tu nombre de usuario y publica tu opinión en el foro.

_____ miembro

_____
_____
_____
_____

CUADERNO DE ACTIVIDADES

Nombre: _____ Clase: _____
Fecha: _____ / _____ / _____

1 Lee el texto y señala la alternativa incorrecta.

¿Cómo hacer un proyecto de vida?

Sigue estos pasos y elabora un proyecto de vida basado en tus habilidades y deseos.

- Reflexiona sobre tus aspiraciones y aptitudes; fija metas y escríbelas en una lista.
- Piensa qué necesitas hacer para alcanzar esas metas: acciones pequeñas que van convirtiéndose en objetivos diarios, mensuales o anuales.
- Define plazos para tus objetivos; así sabrás qué tanto estás trabajando en ellos. Imagina un ejemplo sencillo: tengo la meta de leer más, así que defino el objetivo de leer seis libros hasta fin de año; para ello, determino que voy a leer al menos una hora cada día. Si noto que algunos días no sigo esa determinación, vuelvo a lo que había planeado e intento recuperar el tiempo perdido.
- Piensa qué podría salir "mal" y qué harías para solucionarlo.
- Si tus prioridades cambian, reescribe tu plan cuantas veces necesites.

Basado en: <www.occ.com.mx/blog/proyecto-de-vida/>. Acceso el: 5 feb. 2021.

a ☐ Para elaborar un proyecto de vida, uno debe pensar qué quiere y cuáles son sus aptitudes.
b ☐ Es fundamental establecer metas y apuntarlas.
c ☐ Hay que pensar qué acciones deben realizarse para cumplir las metas fijadas.
d ☐ No conviene ajustar el proyecto de vida cuando cambian las prioridades.
e ☐ Es posible que haya imprevistos a lo largo del camino establecido en el proyecto.

2 Relaciona los siguientes planes de vida con las acciones que pueden contribuir a su realización.

a Hacer un posgrado en otro país.
b Participar en la defensa de causas ambientales.
c Vivir en el campo.
d Ser un atleta de alto rendimiento.

☐ Investigar el tema, ser voluntario en campañas de concientización y definir un área de acción específica.
☐ Entrenarse todos los días, tener una alimentación equilibrada y empezar a participar en competiciones.
☐ Trabajar y ahorrar durante algún tiempo para tener una casa en el lugar que se desea.
☐ Aprender otros idiomas, graduarse en la universidad y ahorrar o lograr una beca para costear los estudios.

ciento cuarenta y siete

CAJÓN DE LETRAS

1 Fíjate en las frases y completa el crucigrama con las palabras que podrían incluirse como planes en un proyecto de vida.

   a Quiero ingresar en la _____ cuando termine la enseñanza secundaria.
   b Me gustaría seguir viviendo cerca de mi _____ cuando sea mayor.
   c Pretendo practicar deportes regularmente para mantener mi _____ físico y mental.
   d No he definido aún qué _____ quiero seguir, pero sé que es algo en el área de negocios.
   e Uno de mis sueños es hacer un _____ a México, pues me encantan su historia y cultura.
   f Me gustaría mucho tener una _____ en la costa, sobre todo si tengo hijos.

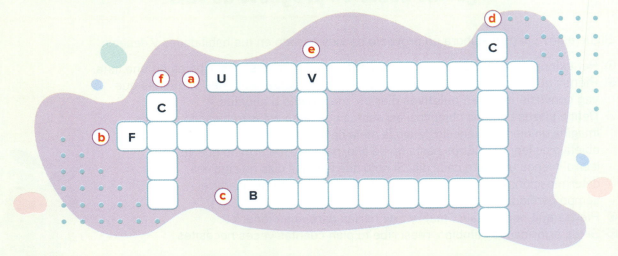

2 Escucha y señala las imágenes que ilustran el proyecto de vida de Felipe.

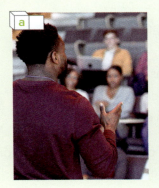

3 Reflexiona y completa la tabla con tus principales proyectos.

Proyectos personales	Proyectos profesionales	Proyectos sociales

CUADERNO DE ACTIVIDADES

Nombre: _____ Clase: _____
Fecha: _____ / _____ / _____

¡ACÉRCATE!

1 Contesta las preguntas utilizando un pronombre objeto indirecto y un pronombre objeto directo.

Ejemplo: ¿Ya les has preguntado a tus amigos qué planes tienen para el futuro?
Sí, se lo he preguntado. / No, no se lo he preguntado.

a ¿Me prestas esas revistas sobre carreras universitarias?
_____

b ¿Te dieron la información que necesitabas sobre el curso de idiomas en el extranjero?
_____

c ¿Quieres que les traiga a tu hermano y a ti un folleto sobre voluntariado?
_____

d ¿Cuándo nos darás a mis amigos y a mí las sugerencias que nos prometiste sobre el proyecto de vida?
_____

2 Completa el texto con los pronombres objeto indirecto y objeto directo que correspondan.

Cuando era niña, me encantaba leer tebeos y cómics. _____ _____ traía una tía cuando venía a visitarnos. No pasó mucho tiempo para que empezase a dibujar mis propias historietas. Siempre _____ _____ mostraba a mi padre primero. Recuerdo una vez que leyó una de mis historias y, cuando _____ _____ devolvió, dijo que yo tenía aptitud para dibujar y escribir. Me puse muy feliz y empecé a imaginarme trabajando como dibujante de cómics. No _____ _____ dije a nadie por algún tiempo, pero todos se dieron cuenta. Mi tía se enteró de un curso de dibujo y _____ preguntó a mi padre si _____ _____ podía regalar. Mi padre aceptó con tal de que no fuese muy caro. Empecé a hacer el curso y, poco a poco, fui perfeccionando mis dibujos. Siempre _____ _____ enseñaba a mi padre.

Una profesora del colegio, que sabía de mi afición por los cómics, tenía un libro de redacción muy bueno. "_____ _____ presto y _____ _____ devuelves cuando puedas", dijo. Así, fui mejorando también mi forma de escribir. Ahora estoy en la secundaria y sigo dibujando. Sin duda, dibujar y escribir son los principales planes en mi proyecto de vida. Como has visto, ya he dado algunos pasos hacia la realización de mi sueño. Y tú, ¿qué estás haciendo para realizar los tuyos?

ciento cuarenta y nueve

LENGUA EN USO

1 Elige la opción que completa correctamente el diálogo.

> Clara: —¿Ya has escrito el texto sobre tus planes para el futuro? Tenemos que redactar**lo** / **le** y entregár**telo** / **selo** al profesor como máximo el viernes.
>
> Andrés: —¿Quién **me lo** / **te lo** dijo?
>
> Clara: —Pues el propio profesor **os lo** / **nos lo** pidió en clase.
>
> Andrés: —¡Qué mala memoria tengo! ¿Me puedes recordar todas las tareas? Voy a apuntar**las** / **me** en la agenda ahora mismo.

2 Escribe la frase final de cada ítem con los elementos dados, completándola con los pronombres objeto directo e/o indirecto que sean necesarios para evitar la repetición.

a Somos los organizadores del evento benéfico y necesitamos saber si usted va a participar. Le pedimos que [avise – a nosotros – mañana – si usted va a participar]
_____

b El coordinador quiere saber si prefiero hacer voluntariado ambiental o cultural. El programa de voluntariado empezará pronto y [aún no – he dicho – al coordinador – que prefiero hacer voluntariado ambiental]
_____

c La profesora de Arte quiere ver la historieta que estoy escribiendo. [mostraré – mi historieta – a la profesora de Arte – la próxima clase]
_____

d Quiero que leas unos reportajes sobre las carreras que te interesan. [envío – a ti – los reportajes – por correo electrónico]
_____

e Tengo unos folletos de intercambio. [traigo – a vosotros – los folletos – el sábado – y – devolvéis – a mí – los folletos – la próxima semana]
_____

3 Las frases de la actividad anterior describen algunos pasos que se pueden dar hacia la realización de diferentes proyectos de vida. Relaciónalos con los ítems a continuación.

☐ Proyectos personales o profesionales.
☐ Proyectos sociales.

CUADERNO DE ACTIVIDADES

Nombre: _____ Clase: _____
Fecha: _____ / _____ / _____

¡ACÉRCATE!

1 Reescribe tus respuestas a la actividad 2 de la página anterior haciendo los cambios indicados. Si hay más de una posibilidad de colocación de los pronombres, apúntalas.

a Le pedimos que avise → Avise
_____

b aún no he dicho → dije
_____

c mostraré → voy a mostrar
_____

d envío → voy a enviar
_____

e traigo → voy a traer / devolvéis → podéis devolver
_____

2 Escucha las preguntas y relaciónalas con las respuestas que correspondan.

- ☐ Pensamos devolvérselo el lunes.
- ☐ Pueden comunicárselos por mensajes de texto.
- ☐ Tráemelos esta semana.
- ☐ El orientador está mostrándoselas en el anfiteatro.
- ☐ Está recomendándotelo porque sabe que te gusta ayudar a la gente.
- ☐ Las profesoras de Lengua Española y Lengua Portuguesa van a explicárnoslos.

3 ¿De qué otra forma podrías escribir las frases "a", "c", "d", "e" y "f" de la actividad anterior?
_____
_____
_____
_____
_____

ciento cincuenta y uno 151

CONTEXTOS

1 Lee el meme. Luego contesta las preguntas.

APRENDER MEJOR

Fíjate en las expresiones faciales de la persona representada en las imágenes. Son relevantes para la comprensión del sentido general del meme.

a ¿Cómo es la expresión facial de la adolescente en cada imagen?
_____

b ¿Por qué se siente así la adolescente en cada uno de los momentos del meme?
_____
_____

c ¿Te parece eficaz la relación entre el texto y las imágenes del meme? ¿Por qué?
_____

d En tu opinión, ¿los imprevistos deberían incentivar a la adolescente a buscar con más ahínco sus objetivos? Fundamenta tu respuesta.
_____

¡AHORA TÚ!

1 ¿Qué meme crearías si las imágenes del meme anterior estuviesen invertidas? Escribe el texto de acuerdo con las expresiones de la adolescente y el tema de la unidad: el proyecto de vida.

152 ciento cincuenta y dos

PRESENTACIÓN

En este volumen vas a practicar competencias como el protagonismo, la capacidad de emprendimiento, la autonomía, la creatividad y la organización. Para ello, primero vas a comprender qué significa ser protagonista y, luego, deberás recordar y repensar los objetivos que tenías al inicio de esta etapa escolar. Después vas a trabajar habilidades como el manejo del tiempo, la determinación y el cumplimiento de plazos. Teniendo en cuenta tu proyecto de vida, vas a reflexionar sobre cómo la próxima etapa escolar y las actividades extracurriculares pueden ayudarte a alcanzar tus metas. Por último, vas a participar en la realización de un evento en la escuela relacionado con el universo laboral.

CONOCE LOS ÍCONOS DEL MATERIAL

 Este ícono indica que debes realizar la **actividad en grupo**.

 Este ícono indica que debes **compartir información** con tus compañeros.

 Este ícono indica que debes **reflexionar sobre el tema** propuesto junto con tu profesor y compañeros.

 Este ícono indica que vas a realizar una **actividad de producción** que contempla el contenido trabajado.

Dirección editorial: Sandra Possas
Edición ejecutiva de español: Izaura Valverde
Edición ejecutiva de producción y multimedia: Adriana Pedro de Almeida
Coordinación de arte y producción: Raquel Buim
Coordinación de revisión: Rafael Spigel
Edición de texto: Angela Cristina Costa Neves
Elaboración de contenido: Cíntia Afarelli
Corrección: Camilla Bazzoni de Medeiros
Revisión lingüística: María Alicia Manzone Rossi
Revisión: Elaine Viacek, Manuel Quilarque, Sheila Folgueral, Simone Garcia, Vinicius Oliveira
Proyecto gráfico: João Negreiros, Karina de Sá
Edición de arte: João Negreiros
Maquetación: Casa de Ideias
Cubierta: João Negreiros, Rafael Gentile
Diseños especiales: João Negreiros, Raquel Coelho, Anderson Sunakozawa
Portal Educacional Santillana: Priscila Oliveira Vieira (edición de contenido), Maria Eduarda Pereira Scetta (curaduría de contenido)
Captura de fotos: Sara Alencar, Ana TeiChi, Bianca Melo, Ellen Silvestre
Coordinación de *bureau*: Rubens M. Rodrigues
Tratamiento de imágenes: Ademir Francisco Baptista, Joel Aparecido, Luiz Carlos Costa, Marina M. Buzzinaro, Vânia Aparecida M. de Oliveira
Preimpresión: Alexandre Petreca, Everton L. de Oliveira, Fabio Roldan, Marcio H. Kamoto, Ricardo Rodrigues, Vitória Sousa

Todos los sitios web mencionados en esta obra se reprodujeron solo para fines didácticos. Santillana Español no tiene control sobre su contenido, el que se verificó cuidadosamente antes de su utilización.

Todos os *sites* mencionados nesta obra foram reproduzidos apenas para fins didáticos. A Santillana Español não tem controle sobre seu conteúdo, o qual foi cuidadosamente verificado antes de sua utilização.

Aunque se hayan tomado todas las medidas para identificar y contactar a los titulares de los derechos de los materiales reproducidos en esta obra, no siempre ha sido posible. La editorial se dispone a rectificar cualquier error de esta naturaleza siempre y cuando se lo notifiquen.

Embora todas as medidas tenham sido tomadas para identificar e contatar os detentores de direitos autorais sobre os materiais reproduzidos nesta obra, isso nem sempre foi possível. A editora estará pronta a retificar quaisquer erros dessa natureza assim que notificada.

Impresión: Log&Print Gráfica e Logística S.A.
Lote: 768439
Código: 120002119

Reprodução proibida. Art. 184 do Código Penal e Lei 9.610 de 19 de fevereiro de 1998.
Todos os direitos reservados.

SANTILLANA ESPAÑOL
EDITORA MODERNA LTDA.
Rua Padre Adelino, 758 — Belenzinho
São Paulo — SP — Brasil — CEP 03303-904
www.santillanaespanol.com.br
2023
Impresso no Brasil

Crédito de las fotos
Imagen de la cubierta: *miakievy/Istockphoto*
Tercera portada: La asombrosa excursión de Zamba por la Geografía latinoamericana. *Las asombrosas excursiones de Zamba.* [Serie]. Dirección General: Sebastián Mignogna. Producción: Camila Fanego Harte, Cecilia di Tirro. Argentina: *El perro en la luna*, 2015; p. 4: Olga Strelnikova/Istockphoto; p. 5: Anastasia Usenko/Istockphoto; p. 6: (a) Rawpixel/Istockphoto; (b) SDI Productions/Istockphoto; (c) monkeybusinessimages/Istockphoto; (d) Prostock-Studio/Istockphoto; p. 8: (a) SolStock/Istockphoto; (b) vitapix/Istockphoto; (c) Pollyana Ventura/Istockphoto; (d) karelnoppe/Istockphoto; (e) YakobchukOlena/Istockphoto; (f) monkeybusinessimages/Istockphoto; p. 9: appleuzr/Istockphoto; AnnaSivak/Istockphoto; p. 10: Irina_Strelnikova/Istockphoto; p.11: (a) pondsaksit/Istockphoto; (b) dusanpetkovic/Istockphoto; (c) JuanCi/Istockphoto; (d) 3sbworld/Istockphoto; Irina_Strelnikova/Istockphoto; p. 12: (a) happyphoton/Istockphoto; (b) wildpixel/Istockphoto; (c) Andrii Yalanskyi/Istockphoto; (d) tiero/Istockphoto; p. 13: justinmedia/Istockphoto; (a) SolStock/Istockphoto; (b) PeopleImages/Istockphoto; p. 14: Yuttapong/Istockphoto; da-vooda/Istockphoto; rambo182/Istockphoto; p. 15: (a) AscentXmedia/Istockphoto; (b) Casarsa/Istockphoto; (c) Maria Moroz/Istockphoto; (d) Maica/Istockphoto; p. 16: (a) erhui1979/Istockphoto; (b) erhui1979/Istockphoto; (c) Rudzhan Nagiev/Istockphoto; (d) syolacan/Istockphoto; p. 17: Nuthawut Somsuk/Istockphoto; p. 18: fizkes/Istockphoto; Jonathan Erasmus/Istockphoto; MartinLisner/Istockphoto; MStudioImages/Istockphoto; Shutter2U/Istockphoto; Lordn/Istockphoto; 19: FANDSrabutan/Istockphoto; Mattes/Istockphoto; p. 20: Arquivo pessoal; Arquivo pessoal; Arquivo pessoal; Arquivo pessoal.

SUMARIO

4 SOY EL PROTAGONISTA DE MI VIDA

6 MIS SUEÑOS Y EXPECTATIVAS, ¿SIGUEN SIENDO LOS MISMOS?

8 ¿CÓMO MANEJO MI TIEMPO?

10 ¿YA SÉ FIJARME PLAZOS Y CUMPLIRLOS?

12 MI PRÓXIMA ETAPA ESCOLAR

14 ACTIVIDADES MÁS ALLÁ DE LA ESCUELA

16 EL PROYECTO DE VIDA ES CONSTANTE

18 EL MUNDO LABORAL

SOY EL PROTAGONISTA DE MI VIDA

¿Qué entiendes por "protagonismo"? Al oír el término "protagonista", ¿qué imágenes te vienen a la mente?

1 Lee las historias de estas dos jóvenes y contesta: ¿qué tienen en común?

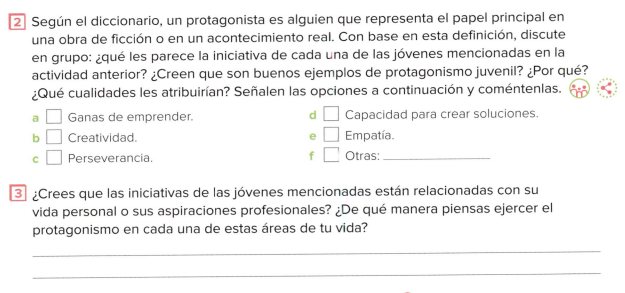

Monique Evelle nació en Salvador, Bahía. Es periodista, activista y empresaria. Con solo 16 años, creó el colectivo "Desabafo Social" como una iniciativa de una asociación de estudiantes para discutir cuestiones relacionadas con los derechos de las minorías. El colectivo creció y hoy realiza campañas y proyectos en temas como educación, emprendimiento y comunicación.

Estudiante de secundaria en una escuela de India, Diya Roongta se dio cuenta de que los jóvenes no tenían fácil acceso a informaciones sobre educación financiera. Así, decidió crear un sitio web sobre finanzas personales dirigido, sobre todo, a niñas en edad escolar, a fin de prepararlas para tomar en el futuro decisiones sobre la administración de su dinero.

2 Según el diccionario, un protagonista es alguien que representa el papel principal en una obra de ficción o en un acontecimiento real. Con base en esta definición, discute en grupo: ¿qué les parece la iniciativa de cada una de las jóvenes mencionadas en la actividad anterior? ¿Creen que son buenos ejemplos de protagonismo juvenil? ¿Por qué? ¿Qué cualidades les atribuirían? Señalen las opciones a continuación y coméntenlas.

- **a** ☐ Ganas de emprender.
- **b** ☐ Creatividad.
- **c** ☐ Perseverancia.
- **d** ☐ Capacidad para crear soluciones.
- **e** ☐ Empatía.
- **f** ☐ Otras: _____

3 ¿Crees que las iniciativas de las jóvenes mencionadas están relacionadas con su vida personal o sus aspiraciones profesionales? ¿De qué manera piensas ejercer el protagonismo en cada una de estas áreas de tu vida?

_____
_____

4 Reflexiona con tu profesor y tus compañeros y responde.

Has visto ejemplos de jóvenes que, al identificar problemas en su entorno, idearon soluciones y las pusieron en práctica, asumiendo la posición de protagonistas en el desarrollo de sus proyectos. ¿Ya has pensado en algunas cuestiones para las cuales te gustaría crear soluciones? ¿Afectarían a muchas personas? ¿De qué manera?

El conocimiento y la reflexión acerca de cuestiones sociales, ambientales, educacionales, entre otras, pueden ser un punto de partida para emprender proyectos y ejercitar el protagonismo desde la edad escolar.

5 Entre las informaciones a continuación, ¿cuáles te parecen buenos ejemplos de protagonismo en la juventud?

- a ☐ Crear un grupo de estudiantes para discutir temas relevantes para los jóvenes.
- b ☐ Organizar eventos en el colegio.
- c ☐ Participar en actividades extracurriculares.
- d ☐ Actuar como voluntario en causas ambientales o sociales.
- e ☐ Pensar y planificar proyectos para el futuro.
- f ☐ Otros: _____

6 En grupos, discutan la siguiente cuestión: ¿por qué es importante, antes de emprender iniciativas colectivas, reflexionar sobre los propios hábitos, cualidades y deseos en el ámbito individual?

7 Probablemente ya has desempeñado el papel de protagonista en diferentes situaciones de tu vida. Recuerda algunos ejemplos y apúntalos a continuación en la columna que corresponda.

EN LA FAMILIA	EN LA ESCUELA	EN LA COMUNIDAD	EN LA BÚSQUEDA DE TUS OBJETIVOS

8 Reflexiona con tu profesor y tus compañeros y responde.

Piensa sobre los objetivos que tienes para el futuro. ¿Qué has hecho ya por tu propia iniciativa para concretar estos objetivos? ¿Se trata solamente de prepararte individualmente o te parece que participar en actividades colectivas puede ser útil?

El protagonismo puede ejercerse de diferentes maneras, como buscando informaciones, creando soluciones, organizando actividades, empezando nuevos proyectos, entre otras acciones en las que tengas oportunidad de tomar decisiones de acuerdo con tus objetivos.

9 Prepara una presentación con imágenes y texto para enseñar a tus compañeros ejemplos de situaciones en las que desempeñaste o desempeñas el papel de protagonista.

MIS SUEÑOS Y EXPECTATIVAS, ¿SIGUEN SIENDO LOS MISMOS?

¿Recuerdas qué sueños y objetivos tenías al comenzar el 6.º año de la escuela? ¿Y cuáles eran tus expectativas con relación a tu futuro y a la etapa escolar que estabas empezando? ¿Cuáles se han realizado hasta ahora y cuáles no?

1 ¿Cuál(es) de las siguientes imágenes se acerca(n) más a los sueños que tenías hace unos tres años? Señálala(s) y explica el porqué de tu elección. Si ninguna te parece apropiada, describe cómo sería tu imagen.

2 En parejas, compartan sus respuestas a la actividad anterior. Luego discutan: ¿por qué tenían esos sueños? ¿Creen que podrían definirlos también como "objetivos" o "expectativas"? ¿Por qué?

3 Ahora discutan las siguientes cuestiones en grupos.

a ¿Creen que nuestros objetivos cambian a lo largo de los años?

b En caso afirmativo, ¿qué factores influyen en esos cambios?

c Piensen sobre los objetivos que tenían en el 6.º año y los que tienen ahora. ¿En qué coinciden y en qué difieren?

4 Reflexiona con tu profesor y tus compañeros y responde.

En el caso de que algunos de tus sueños más antiguos aún no se hayan concretado, ¿a qué lo atribuyes? ¿Podrías haber hecho algo diferente para lograrlos? De ahora en adelante, ¿cómo actuarás para alcanzar tus objetivos?
Es importante intentar equilibrar los objetivos y las expectativas, ajustándolos conforme sea necesario a fin de no frustrarte y seguir intentando alcanzar lo que quieres.

seis

5. En el próximo año empezarás una nueva etapa escolar. ¿Qué esperas de ella? ¿Te parece que pensarás más sobre tu futuro de ahora en adelante? ¿Por qué? Fundamenta tu respuesta.
_____
_____

6. Preséntales a tus compañeros tu punto de vista sobre las cuestiones de la actividad anterior. ¿Están de acuerdo en sus opiniones? ¿Alguna respuesta del grupo te ha sorprendido? ¿Por qué?

7. ¿Sabes qué es un tablero de visión? Es un *collage* (conjunto de imágenes y textos) en que los recursos visuales utilizados tienen la función de desencadenar la motivación para conseguir un objetivo, alcanzar metas o tener éxito en diversas áreas de la vida. Haz ahora tu tablero de visión con los objetivos que tienes para los próximos años.

8. Reflexiona con tu profesor y tus compañeros y responde.

Repensar objetivos es algo que se puede hacer en cualquier momento de la vida. ¿Ya has reflexionado sobre ello? ¿Crees que deberías cambiar o adaptar algunas de tus metas para el futuro? ¿Por qué?
Para alcanzar metas, hay que trabajar en favor de ellas. Asimismo, es normal tener que cambiarlas o adecuarlas a la realidad de tiempo en tiempo.

9. Produce un video que trate del tema "principales objetivos y expectativas de los adolescentes". Además de hablar de tus objetivos, puedes hacerles sugerencias y recomendaciones a otros jóvenes que vean tu video. Luego comparte tu producción con los demás compañeros.

siete

¿CÓMO MANEJO MI TIEMPO?

¿Crees que aprovechas bien tu tiempo? ¿Por qué tienes esa impresión? ¿Sueles definir prioridades? ¿Qué haces primero y qué dejas para después?

1 Observa las imágenes y numéralas según el orden en que harías estas actividades a lo largo del día. Luego explica los motivos por los cuales las harías en esa secuencia.

2 En grupos, comparen sus respuestas a la actividad anterior. Luego discutan: ¿les parecen importantes todas las actividades presentadas? ¿Por qué? ¿Hay otras que consideran más relevantes? ¿Cuáles?

3 Forma un grupo con tres compañeros y discutan las siguientes cuestiones.

a ¿Tienen muchas actividades para hacer durante la semana? ¿Cómo organizan su tiempo para realizarlas?

b ¿Les parece útil hacer una lista de tareas?

c ¿Creen que la forma como administran el tiempo cambiará en los próximos años? ¿Por qué?

4 Reflexiona con tu profesor y tus compañeros y responde.

La forma de aprovechar el tiempo y definir prioridades cambia según la edad y el momento de la vida. ¿En qué difieren, por ejemplo, las tareas y prioridades de tus familiares y las tuyas? ¿A veces te falta tiempo para hacer todo? ¿Y a ellos?
Cuando hay mucho que hacer, conviene definir prioridades y planificar los horarios. Sin embargo, también es importante hacer pausas, descansar y aprovechar bien el tiempo libre.

5 Ahora piensa en las actividades que quieres o necesitas hacer en el futuro, pero aún no pudiste empezar por falta de tiempo. ¿Cómo distribuirías tu tiempo para incorporar esas actividades en tu rutina? Completa la tabla.

Actividad	¿Cuándo la haré?	¿Qué objetivo quiero alcanzar?

6 En parejas, compartan y expliquen sus respuestas a la actividad anterior. ¿Son similares? Y sus objetivos, ¿se asemejan?

7 Ahora discutan en grupos: ¿les parece importante atribuir parte de su tiempo a las tareas presentadas en la actividad 1? ¿Por qué? ¿Pueden ser importantes para su futuro?

8 Elige dos actividades que están entre tus prioridades y que realizas a menudo. Luego explica: ¿por qué son importantes para ti? ¿Cómo organizas tu tiempo de manera que puedas realizarlas?

9 Reflexiona con tu profesor y tus compañeros y responde.

Vale la pena administrar bien el tiempo para hacer todo lo que nos parece importante. Teniendo en cuenta tus objetivos, ¿qué actividad nueva podrías incluir en tu rutina? ¿Crees que el hábito de planificar los horarios también puede ser provechoso para el futuro? ¿Por qué?
Siempre que sea posible, hay que reservar tiempo para tareas intelectuales, artísticas, deportivas, etc., además de actividades de ocio individuales, con amigos y con familiares.

10 Redacta una lista de recomendaciones para otros jóvenes que, como tú, deseen planificar mejor sus tareas diarias y organizar su tiempo. Luego comparte tu producción con los demás compañeros.

nueve 9

¿YA SÉ FIJARME PLAZOS Y CUMPLIRLOS?

¿Sueles ponerte plazos para realizar tus tareas? ¿Por qué? ¿Crees que este hábito puede contribuir a una mejor administración de tu tiempo?

1 ¿Cuánto tiempo te parece necesario para cumplir cada tarea a continuación?

a Arreglar mi ropero y ver qué ropas puedo donar.
b Investigar un tema y elaborar un trabajo escolar.
c Entrenarme para una competición deportiva.
d Aprender a bailar.
e Leer un libro de doscientas páginas.
f Memorizar el texto y ensayar una representación teatral.

2 En parejas, discutan sus respuestas a la actividad anterior. Luego cuenten a los demás compañeros si piensan lo mismo en cuanto a los plazos de cada actividad.

3 Ahora discutan en grupos: ¿les parece importante o útil fijarse plazos para sus tareas? ¿Piensan que eso contribuye a la realización de esas actividades?

4 Después de fijarte un plazo para determinada actividad, ¿qué haces para no dejar de cumplirlo?

_____
_____

5 Reflexiona con tu profesor y tus compañeros y responde.

Establecer plazos para nuestras tareas puede ayudarnos a no postergarlas y, además, a distribuir el tiempo de manera adecuada entre ellas. ¿Ya lo has intentado? En caso afirmativo, ¿cómo te fue? En caso negativo, ¿quieres intentarlo?
Saber que hay un plazo a cumplir puede proporcionar una sensación de responsabilidad y evitar el retraso de cosas importantes.

6 Entre todos, hagan una puesta en común: ¿qué respondieron a la pregunta de la actividad 4?

7 Observa las imágenes de algunas actividades que podrías realizar en los próximos meses o años. ¿Qué plazos te darías para hacer cada una de ellas?

a. Aprender a tocar un instrumento musical.

b. Cultivar una huerta.

c. Aprender un nuevo idioma.

d. Aprender a cocinar.

8 En grupos, propónganse un desafío en común: elijan una actividad que les interese a todos y fíjense un plazo para concluirla. Pueden usar uno de los ejemplos de la actividad anterior o sugerir otro.

¿Qué vamos a hacer?	
¿En cuánto tiempo?	

9 Discutan en parejas: teniendo en cuenta su futuro, ¿por qué es importante aprender a fijar y a cumplir plazos?

10 Reflexiona con tu profesor y tus compañeros y responde.

Además del desafío que se han planteado en grupo, ¿qué otros plazos puedes fijarte y para cumplir qué tareas? ¿Cómo las vas a incluir en tu rutina diaria?
Después de señalar un plazo, puedes reservar algún tiempo de cada día para dedicarte a esa tarea.

11 En grupos, elaboren el proyecto de una aplicación para celular que ayude a planificar tareas y plazos. Piensen cómo pueden ser las pantallas, las funcionalidades, los colores, etc.

once

MI PRÓXIMA ETAPA ESCOLAR

¿Qué esperas de la enseñanza media? ¿Crees que podrás alcanzar algunos de tus objetivos en los próximos tres años? ¿Cuáles?

1 ¿Sabes qué vas a estudiar en la enseñanza media? ¿Crees que tendrás las mismas asignaturas que tienes ahora? Conversa con un compañero.

2 Relaciona las imágenes con las opciones que correspondan. Luego contesta: ¿qué conexión hay entre estas áreas de estudio y tus objetivos?

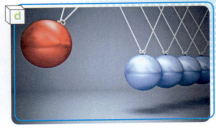

☐ Lenguajes y sus tecnologías.
☐ Ciencias humanas y sociales aplicadas.
☐ Matemáticas y sus tecnologías.
☐ Ciencias de la naturaleza y sus tecnologías.

_____

_____

3 En grupos, discutan las siguientes cuestiones teniendo en cuenta la actividad anterior.

   a ¿Qué les parece que van a estudiar en cada una de las áreas mencionadas?

   b ¿En qué coinciden y difieren sus objetivos?

   c ¿Creen que los estudios los ayudarán a concretar sus metas? ¿Por qué?

4 Reflexiona con tu profesor y tus compañeros y responde.

Los estudios pueden ayudarnos en la búsqueda de nuestros sueños y objetivos. ¿Ya tienes planes para después de la enseñanza media? ¿Cómo puede facilitar esa etapa escolar el camino hacia esos planes? **Las diferentes áreas de estudio de la enseñanza secundaria pueden ayudarte a pensar qué áreas del conocimiento te gustan, qué aptitudes tienes y qué carrera quieres seguir.**

5 En parejas, piensen cómo podrán ejercitar las siguientes habilidades en la enseñanza secundaria. Luego compartan sus ideas con los demás compañeros.

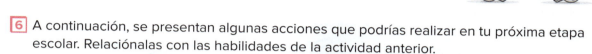

CAPACIDAD PARA CREAR SOLUCIONES
CREATIVIDAD
INNOVACIÓN
PROTAGONISMO

6 A continuación, se presentan algunas acciones que podrías realizar en tu próxima etapa escolar. Relaciónalas con las habilidades de la actividad anterior.

a Guiar un grupo de estudiantes en la realización de un trabajo. _____
b Escribir el guion de un cortometraje y producirlo con los compañeros. _____
c Desarrollar una forma de ahorrar agua y energía en el colegio. _____
d Crear un grupo de discusión de problemas y apoyo a alumnos. _____

7 Ahora discutan en grupos sus respuestas a la actividad anterior y contesten: ¿en qué áreas de estudio podrían poner en práctica las habilidades e ideas sugeridas? ¿Qué ideas les han interesado más? ¿Por qué?

8 Observa las siguientes situaciones en el ambiente escolar. ¿Crees que pueden tener lugar en la enseñanza secundaria? ¿Cómo te parece que puedes ejercitar la iniciativa y el emprendimiento en cada una de ellas?

_____
_____

9 Reflexiona con tu profesor y tus compañeros y responde.

En la escuela puedes esforzarte para practicar diferentes habilidades, incluso las que no sueles relacionar con tus intereses. ¿Te parece importante desarrollarlas? ¿Por qué? ¿Podrías hacerlo en la enseñanza secundaria?
A veces conviene arriesgarse en acciones y proyectos que te planteen desafíos.

10 En grupos, organicen una charla con estudiantes del próximo ciclo escolar. Preparen un guion de las preguntas que desean hacerles.

trece 13

ACTIVIDADES MÁS ALLÁ DE LA ESCUELA

¿Tienes alguna actividad extracurricular, es decir, diferente de los estudios de la escuela que hagas habitualmente y con la que estés comprometido? En caso afirmativo, ¿qué haces? En caso negativo, ¿qué te gustaría hacer?

1 En grupos, jueguen al siguiente juego y hablen sobre diferentes actividades extracurriculares.

SALIDA | ¿Qué le gustaría hacer a tu compañero? | Avanza dos casillas. |  |  | Vuelve una casilla.

Avanza una casilla. |  | ¿Qué ha hecho ya tu compañero? | Vuelve tres casillas. |

 |  | ¿Qué piensa hacer tu compañero? | Vuelve dos casillas. |

LLEGADA | Vuelve tres casillas. |  | ¿Qué actividad le encanta a tu compañero? | Avanza dos casillas. |

14 catorce

2 ¿Qué tipo de actividad extracurricular te interesa más? ¿Por qué? ¿Tiene que ver con tus objetivos para el futuro? Explícalo.

_____

_____

3 Las imágenes a continuación retratan diferentes actividades que pueden realizarse fuera del horario escolar. En parejas, discutan: ¿cómo relacionarían cada una de ellas con sus intereses y aptitudes? ¿Hay alguna que no les interese? ¿Por qué?

a

b

c

d

4 Piensa qué actividades extracurriculares te gustaría realizar en los próximos tres años. Señala las áreas a las que pertenecen.

a ☐ Idiomas.
b ☐ Deportes.
c ☐ Artes.
d ☐ Voluntariado.

e ☐ Ciencias.
f ☐ Tecnología.
g ☐ Moda.
h ☐ Otras: _____

5 Comparte tus respuestas a la actividad anterior con un compañero. ¿Tienen planes parecidos?

6 Reflexiona con tu profesor y tus compañeros y responde.

> Conviene elegir actividades complementarias a la escuela que tengan que ver con tus intereses y planes para el futuro. ¿Ya habías pensado sobre eso? Teniéndolo en cuenta, ¿qué crees que deberías hacer?
> Cualquier actividad extracurricular, sin embargo, será enriquecedora para tu formación personal y profesional. Vale la pena buscar opciones de actividades que puedas incluir en tus horarios sin sobrecargarte.

7 Con cuatro o cinco compañeros, planifiquen una serie de clases que puedan ofrecer a alumnos de otros grupos, como actividad complementaria a los estudios de la escuela. Con la ayuda del profesor divulguen las clases en la escuela y vean cuál sería el mejor día y horario para impartirlas.

quince 15

EL PROYECTO DE VIDA ES CONSTANTE

A lo largo de este material has trazado diversos planes para tu futuro. ¿Crees que pueden cambiar con el tiempo? ¿Por qué? ¿En qué te has basado para hacerlos?

1 Señala los factores que, en tu opinión, influyen en los planes que hacemos desde niños.

- a ☐ Consejos de los familiares.
- b ☐ Aptitudes.
- c ☐ Modelos a seguir.
- d ☐ Personalidad.
- e ☐ Opinión de los amigos.
- f ☐ Aprendizaje escolar.
- g ☐ Deseos.
- h ☐ Aficiones.
- i ☐ Necesidades.
- j ☐ Tendencias actuales.
- k ☐ Obstáculos.
- l ☐ Otros: _____

2 En parejas, hablen sobre las opciones que señalaron en la actividad anterior y expliquen su punto de vista. Luego discutan: ¿cuál(es) de esos factores ha(n) influido más en sus planes hasta ahora?

3 Lee el siguiente titular y el subtítulo de un artículo de periódico. ¿Con cuál(es) de las opciones de la actividad 1 crees que se relaciona ese artículo? ¿Por qué? ¿Considerarías el tema del que trata al definir tus objetivos para el futuro?

¿Cuáles serán las carreras más demandadas en el futuro?
La lista incluye trabajos relacionados con las redes sociales, la gastronomía y el medioambiente

Basado en: <www.larepublica.co/alta-gerencia/enterese-cuales-son-las-seis-carreras-emergentes-que-marcaran-tendencia-en-el-futuro-3096567>. Acceso el: 12 mayo 2021.

4 En grupos, observen las imágenes y discutan: ¿qué puede significar cada una con relación al proyecto de vida, es decir, a los planes que uno traza para el futuro?

5 Piensa nuevamente sobre las opciones de la actividad 1. En tu opinión, ¿cuál(es) puede(n) llevarte a cambiar tus planes en el futuro? ¿Por qué?

_____
_____
_____

6 Teniendo en cuenta lo que has reflexionado y discutido hasta ahora, señala la alternativa que te parezca apropiada.

a ☐ Uno debe definir sus metas y planes en la juventud y empeñarse en concretarlos sin modificaciones.

b ☐ Uno puede adaptar sus metas y planes a lo largo de la vida según los imprevistos o las nuevas posibilidades que se presenten.

7 En grupos, discutan sus respuestas a la actividad anterior. ¿Por qué tienen esa opinión? ¿Pueden relacionar esas ideas con las imágenes de la actividad 4?

8 ¿Te parece posible desarrollar nuevas habilidades a lo largo de la vida y trazar así nuevos planes? Fundamenta tu respuesta.

_____
_____
_____
_____
_____
_____
_____

9 Reflexiona con tu profesor y tus compañeros y responde.

El proyecto de vida puede empezar ya en la infancia, cuando uno se da cuenta de sus primeras aficiones y habilidades. ¿Cuándo has empezado a notar las tuyas? ¿Ya has cambiado de idea respecto a algún plan que tenías para el futuro?
Es importante elaborar un proyecto de vida en la juventud. Sin embargo, podrás ajustarlo siempre que sea necesario, según tengas nuevos deseos, te enfrentes a algún obstáculo o te surjan nuevas oportunidades.

10 Elabora un proyecto de vida detallado sobre los temas "ocio", "cultura" y "artes" y menciona qué objetivos tienes y por qué, cómo piensas alcanzarlos, qué haces ya o qué piensas empezar a hacer para cumplirlos, etc.

diecisiete 17

EL MUNDO LABORAL

¿Ya sabes qué profesión quieres tener? En tu opinión, ¿qué hay que tener en cuenta al elegir una carrera?

1 En grupos, discutan las siguientes cuestiones. Pueden ampliar la discusión basándose en las imágenes a continuación.

   a ¿Creen que el mercado laboral ha cambiado en las últimas décadas? ¿En qué aspectos?
   b Y en los últimos años, ¿qué cambios han tenido lugar?
   c ¿Cuáles piensan que pueden ser las próximas transformaciones en el mundo del trabajo?

2 Esos cambios en el mundo laboral, ¿te han influenciado en la elección de tu carrera? Si aún no sabes qué carrera quieres seguir, ¿tendrás en cuenta esas tendencias al elegirla? ¿Por qué?

_____
_____

3 ¿Qué has considerado o vas a considerar al elegir tu profesión? Apunta tus ideas y compártelas con un compañero.

_____
_____

4 Reflexiona con tu profesor y tus compañeros y responde.

> Tener en cuenta tus aptitudes e intereses puede ser un buen punto de partida para la elección de tu carrera. ¿Qué habilidades tienes? ¿Y cuáles son tus aficiones?
> **Cuando tengas una idea de qué profesión te gustaría tener, vale la pena empezar a investigar sobre ella.**

18   dieciocho

5 ¿Cómo puedes saber más sobre la carrera que quieres seguir? Señala las opciones que te parezcan adecuadas.

- a ☐ Investigar en internet, revistas y periódicos.
- b ☐ Hablar con personas que trabajan en esa área.
- c ☐ Visitar ferias laborales (presenciales o virtuales).
- d ☐ Buscar videos que retraten esa actividad profesional.
- e ☐ Verificar dónde se cursan las carreras universitarias asociadas a esa profesión.
- f ☐ Participar en grupos o seguir páginas en redes sociales que traten sobre carreras.
- g ☐ Visitar empresas u otros sitios donde trabajan profesionales de la actividad.
- h ☐ Hablar con estudiantes universitarios del área.

6 En grupos, compartan sus respuestas a la actividad anterior. Luego discutan: ¿cómo podrían realizar en la escuela un evento para que los alumnos conozcan más sobre diferentes carreras? Al final de la discusión, presenten sus ideas a los demás compañeros. ¡Ojo! Si su escuela ya ofrece habitualmente este tipo de evento, pueden pensar cómo ayudar en su realización.

7 En los mismos grupos, apunten los pasos necesarios para organizar y realizar ese evento (o para hacer su aporte, en el caso de que la escuela ya planee realizarlo). Luego hagan una puesta en común con los demás grupos y redacten un guion en conjunto.

_____
_____
_____
_____
_____

8 ¿Qué les parece hacer unos carteles para divulgar el evento que se va a realizar en la escuela? Observen este ejemplo y produzcan uno similar.

FERIA DE CARRERAS DEL COLEGIO _____

Día _____   Hora _____

¡QUEREMOS AYUDARTE A ELEGIR TU PROFESIÓN!

Contaremos con orientaciones y charlas de profesionales y estudiantes de distintas áreas, además de sesiones de orientación vocacional.

¡No te lo pierdas!

9 Basándose en el guion que elaboraron en la actividad 7, organicen y divulguen el evento que permitirá a los alumnos del colegio saber más sobre el mundo del trabajo. Realícenlo con la ayuda de los profesores y los familiares.

diecinueve 19

ALUMNOS PROTAGONISTAS

En este volumen cultivamos el protagonismo, el emprendimiento, la creatividad, la autonomía y resaltamos la importancia de estas y otras competencias socioemocionales en la construcción del proyecto de vida. Vimos también que la participación social de los alumnos contribuye no solo al engrandecimiento del ambiente escolar y de las personas que forman parte de este núcleo, sino que también puede causar impactos positivos más allá de los muros de la escuela. Como ejemplo de ello, presentamos a continuación a algunos estudiantes de la colección *Ventana al Español* que marcaron la diferencia al participar en un evento literario muy reconocido para el cual escribieron un cuento en lengua española y obtuvieron una excelente clasificación. Aquí tienes la oportunidad de leer sus creaciones, las cuales enriquecerán tus estudios de español y también te pondrán en contacto con diversas competencias socioemocionales que han sido objeto de estudio a lo largo de este material.

¡Buena lectura!

André Campos

Cuento:
Creación de la memoria

http://mod.lk/3va4_mem

ESCANEA EL CÓDIGO PARA LEER EL CUENTO.

Henry Fernandes da Silva

Cuento:
Vidas entrelazadas en las tierras de Gaudí

http://mod.lk/3va4_gau

ESCANEA EL CÓDIGO PARA LEER EL CUENTO.

Lucca Strabelli

Cuento:
La larga caminata

http://mod.lk/3va4_cam

ESCANEA EL CÓDIGO PARA LEER EL CUENTO.

Maria Eduarda Pereira Scetta (Madu De Vans)

Cuento:
Entre dos lluvias

http://mod.lk/3va4_llu

ESCANEA EL CÓDIGO PARA LEER EL CUENTO.